[앞으로 나올 책]

1. 계절탁자, 무조건 따라하기
2. 초등 2학년 아이들에게 꼭 가르쳐야 할 우화 수업
3. 초등 6학년 아이들에게 꼭 가르쳐야 할 수업이야기
4. 초등 4학년 아이들에게 꼭 가르쳐야 할 동물학 수업
5. 초등 5학년 아이들에게 꼭 가르쳐야 할 식물학 수업
6. 계절마다 들려주어야 할 옛이야기
7. 아이들에게 꼭 가르치면 좋은 리코더와 노래(1-6학년)
8. 리듬활동. 무조건 따라하기

형태그리기
(Formenzeichnen)

초판1쇄 인쇄 2021년 04월 10일
초판1쇄 발행 2021년 04월 10일

저　자　　김용근

편　집　　양 한모
디자인　　양 한모
발행처　　도서출판 아지트
펴낸이　　양 한모

주　소　　서울시 종로구 인사동길 35-4 인사동마루 본관 2층 209호
등록번호　제300-2017-64호
전　화　　02-2246-6087
팩　스　　02-2246-6087

ISBN　　979-11-87146-60-5

가　격　　25,000 원

저작권법에 의하여 보호를 받는 저작물이므로 무단전재와 복제를 금합니다.
이 책의 저작권은 저자와 도서출판아지트에 있습니다.

도서출판 아지트
Book publishing AZIT

더 좋은 **1학년** 수업을 위해 꼭 가르쳐야 할

형태그리기
(Formenzeichnen)

저자 김용근

1989년 춘천교육대학교를 나와 삼월부터 교직생활을 시작해서 교사, 장학사, 교감과 교장선생님을 역임. 1994년부터 국내에서 처음으로 발도르프교육을 공교육에서 실천해오고 있으며, 2012년-2015년까지 강원 공현진초에서 많은 발도르프교육 성과를 중심으로, 현재에는 전국 여러 지역에서 발도르프교육을 지향하는 학교와 발도르프교육교사연구회 내실을 다지는 것에 연수와 강의로 힘을 보태고 있음. 2010년부터 현재까지 독일 발도르프학교 교사초청 직무연수를 공교육 선생님들을 대상으로 연2회 실시 운영해 오고 있음.
홈페이지는 www.waldorf.co.kr

최종학력 : 관동대학교 교육대학원 환경교육과 졸업(석사)

주요 이력사항
 - 발도르프교육 학교교사 양성과정(900시간) 수료.
 - 2010년부터-현재 독일 발도르프학교 참관수업 추진 운영을 해오고 있으며,
   1993년부터-현재까지 미국, 독일, 스위스, 프랑스 지역에 있는 발도르프학교들을 방문하기도 하였고,
 - 발도르프교육 관련해서 틈틈이 강의를 해오다가 <선생님은 살아 있는 교육과정이다> 출간이후 2014년부터
   현재까지 전국에 있는 여러 학교와 교육기관에서 선생님들을 대상으로 많은 강의를 해오고 있다.

저서
  - <우리들은 환경파수꾼>, <명태선생님의 환경교실>,
  - <선생님은 살아있는 교육과정이다>, <아이들이 살아있는 교육과정>이 있으며,

이외에도 다수 발도르프교육관련 자료집을 펴냈다.

Contents

1부. 이렇게 시작해야 합니다.   8
  1. 1학년 아이들 주요 특성
  2. 올바른 글자와 숫자 익히기 수업을 위해서

2부. 세상을 아름답게 그리는 형태그리기   19
  1. 형태그리기에 대해서
  2. 모음과 자음에 관련이 많은 형태그리기
  3. 글자와 관련있는 여러 사물들을 형태그리기로

3부. 더 좋은 글자 익히기 수업을 위해서   114
  1. 글자는 전체에서 부분으로
  2. 글자를 바르게 익히기 위해
  3. 모음과 자음을 이런 차례로 가르친다.
  4. 온몸으로 글자 익히기 위한 여러 활동을 먼저 한다.
  5. 글자 익히기 수업 과정(5일 기준)
  6. 그림으로 배우는 글자
  7. 일년내내 전시해 놓는다.
  8. 어떤 이야기를 아이들에게 들려주어야 할까?
  9. 띄어쓰기는 글자 사이에 *표시를 한다.
  10. 낱말도 그림으로 가르친다.
  11. 관련된 낱말 찾기
  12. 그림으로 그린 시간표
  13. 책읽기 교육은 이렇게 하면 좋다.
  14. 글자 익히기 결론은 그림에서 시작해서 익히게 해야 한다.
  15. 글자 따라 쓰기 연습하기

4부. 그림으로 가르치는 수학 수업   150
  1. 정신성을 가르쳐야 한다.
  2. 그림으로 그리는 숫자
  3. 덧셈과 뺄셈
  4. 비교하기
  5. 여러 가지 도형
  6. 덧셈과 뺄셈
  7. 시계
  8. 덧셈과 뺄셈
  9. 규칙 찾기
  10. 주사위로 수와 셈하기 익히기

◆ 참고문헌

[머리말]

　가르침의 참된 권위는 교사의 예술성에서 나온다. 예술감성 관련 수업을 하고자 하는 것 가운데 하나가 아이들만 성장과 발달을 돕는 것이 아니다. 교사 자신의 성장은 이보다 더 크고 위대하다. 교사의 성장은 곧 아이들의 성장이다. 선생님들의 노력이 아이들에게 얼마나 큰 영향을 줄 수 있는지를 여러 예술감성 수업(칠판그림, 연필색연필그림, 크레용그림, 습식수채화) 그리기 자료를 보면 알 수 있다. 예술감성과 12감각을 이끌어 내는 것이 바로 교육이고 이것을 우리는 '교육예술'이라 부른다.

　수업혁신의 3박자는 상상력, 영감, 직관으로 이것이 골고루 살아 있거나 녹아 있어야 한다. 이 세 가지가 제대로 충족될 때 수업혁신이라 말할 수 있다. 아이들에게는 무한한 상상력을 자극하고, 교사는 영감과 직관으로 살아있는 교육과정을 녹여내는 수업은 생각보다 그리 어려운 것이 아니다. 바로 칠판그림을 이용한 수업이 얼마든지 가능하다. 진정 수업혁신을 꿈꾼다면 '칠판그림' 수업에서부터 출발하면 된다.

　수업에서 '상상력'은 깨달음으로 이어진다. 그렇다면 수업에서 '상상력'을 어떻게 체험할 수 있을까? 날마다 '상상력'을 꿈꾸게 하려면 어떤 노력을 해야 할까? 직접 그려보고 만들어봐야 '상상력'도 쌓이고 쌓인다. 교사가 수업에 필요한 칠판그림을 한주에 최소한 3~4개를 그린다면 그리는 동안 또 다른 '상상력'을 떠올리게 되고, 이것이 또 다른 연습으로 이어져 그야말로 꼬리에 꼬리를 무는 것과 같다. 이에 비해서 책을 읽으면서 얻는 '상상력'은 일회성으로 그치는 경우가 많고 생각(관념)으로만 머문다. 지난날 인류사나 주변에 '상상력'이 뛰어난 사람들은 그만큼 남들보다 더 많이 연습에 연습한 결과라 봅니다. 방송에 나오는 '생활의 달인'의 많은 달인도 끊임없는 연구와 노력의 결과다. 일주일에 최소 1~2개의 교과 관련 '칠판그림'을 그려 가면서 수업하는 교실. 아이들 또한 이런 칠판그림 수업에서 무한한 상상력을 발휘할 수 있다. 교실수업이 점점 갈수록 퇴보하는 것도 결국 '상상력'의 부재이기 때문이다.

　교실수업에는 두 종류의 수업이 있다. 바로 '좋은 수업'과 '더 좋은 수업'이 다. '좋은 수업'은 누구나 할 수 있는 교과서 따라하기 '컴퓨터 마우스 클릭 수업'이고, 아무나 할 수 없는 수업이 '더 좋은 수업'이다. 바로 교사의 열정과 노력을 쏟아부어야 가능한 '칠판그림' 관련 수업이다.

　대한민국 초등학교 교실에 <칠판그림> 관련 수업을 거의 보지 못하는 것은 소질이 없어서 못 하는 것이 아니라 몰라서거나 아니면 그냥 안 하는 것이 아닐까? 굳이 힘들게 시간을 내지 않아도 '교과서 따라하기(진도 나가기)'에 충실하면 별문제 없이 교직 생활을 하는데, 또한 손쉽게 '컴퓨터 마우스 클릭 수업'을 하면 되는데, 굳이 "이렇게 사서 고생할 필요는 없겠지" 하는 편리주의가 만연해서 그런 것이 아닌가 싶다. 문제는 교실수업에서 <칠판그림> 관련 수업을 거의 하지 않으면서, 수업코칭이니, 수업디자인, 교육평가, 교육과정을 이야기하는 것은 그야말로 저잣거리 약장수들이 했던 것과 전혀 다르지 않다. 일명 '수업혁신팔이 교육 딴따라'라 하는데 요즘 너무 많다. 그렇지 않다고 한다면 <칠판그림> 관련 수업을 나도 이렇게 하고 있거나 했다고 보여주어야 한다.

　초등학교 교육과정은 아이들 발달 특성상 많이 보여주고 느끼게 해주어야 한다. 담임교사가 최소한 주 1회 이상 그려내는 <칠판그림> 관련 수업이 꼭 필요하다. 그렇지 않고 백날 '교사의 성장'이나 '수업 혁신'을 외쳐본들 아까운 예산과 시간 허비할 뿐이다. 지난 십 년이 넘게 학교혁신을 외쳤지만, 결국 교실수업은 콘크리트보다 더 단단해져 가고 있는 것이 바로 이런 이유 가운데 하나다.

초등학생 1~6학년 단계는 '감정-느끼기' 내용을 주로 다루어야 한다. 예술감성에 대해서 담임교사가 얼마나 풍부한 감각을 지녔냐에 따라 아이들도 풍부해진다. 그렇지 않다면 수업은 건조할 수밖에 없다. 물론 예술감성 감각은 얼마든지 깨어나게 할 수 있다. 소질이나 재능이 없는 것이 아니라, 지금껏 전혀 이에 관한 관심과 그려보지 않음에 거리를 두고 있다. 아무리 힐링(?) 되는 여러 연수에 참여한들, 직접 그려보고 이것들을 아이들이 직접 따라 그려보는 수업이 날마다 이어지지 않고서는 효과를 기대하기가 힘들다. 있다면 교사자신만 있고, 효과도 그리 오래가지 않는다. 그런 다음 약발이 떨어지면 또 어떻게 할 것인가?

 '형태그리기'를 아이들에게 꼭 가르쳐야 할 이유 가운데 하나가, 의미 있는 형태그리기(Formen)를 그리게 하는 것은 아이들의 의지(Willing) 교육하는 것이고, 그 의지는 내면을 강화시킬 수 있다. 만약 어린 시절에 이러한 의지가 길러지지 않고 가르치지 않았다면, 어른이 되었을 때 생각이 나약하고 감상적이며 산만하고, 창조력을 끌어내는 것이 현저히 떨어진다. 그만큼 형태그리기 수업은 아이들에게는 성장과 발달에 꼭 필요한 자양분이다.

 교사의 전문성 신장이란 칠판그림, 연필색연필그림, 습식수채화, 크레용 그림들을 일 년에 각각 40~50개씩 그려 가면서 수업을 하는 그래서 일 년에 최소한 200개 정도의 수업 관련 그림들을 그려보는 선생님들에게 어울리는 말이다. 그래서 교직 생활 10년을 했을 경우, 1,800~2,000개 가까운 수업 관련 그림들을 그리는데 전문성 신장이 안 되래야 안될 수 없다. 그야말로 좋은 수업을 넘어 더 좋은 수업을 날마다 맛볼 수 있다는 것. 물론 수업을 수치로 꼭 견줄 수 있는 것이 아니지만, 그 결과를 보면 전문성 신장에 도움이 되는지를 훤히 알 수 있다. 이번에 이 책을 세상에 내놓은 것은 아이들 발달단계에 맞는 교육이 왜 중요한지를 또한 이를 위해서 '선생님은 살아있는 교육과정이다'라는 것이 우리 아이들에게 얼마나 소중한가를 일깨우기 위해서다. 또한 가르치는 것을 소임으로 하는 교사로서 우리에게 주어진 과제는 아이들을 위해 준비하는 것이 아니고, 아이들이 무엇이든 준비할 수 있도록 돕는 것이다. 이를 위해 이 책이 조금이나마 밑거름이 되었으면 좋겠다.

1부. 이렇게 시작해야 합니다.

1. 1학년 아이들 주요 특성

- 이갈이 : 이미 했거나 진행되고 있다. 유치에서 영구치로 바뀌는 시기다. 아이들의 이갈이(새로운 이가 나오는) 상태는 읽기, 쓰기, 셈하기를 할 수 있는 준비단계를 뜻한다. 이 시기 아이들이 이갈이를 하는 것은 몸과 마음이 어느 정도 만들어 가고 있다는 것을 뜻한다. 따라서 담임 교사는 삼월 첫째 주에 아이들의 이갈이 상태를 정확히 파악해야 한다. 그래서 아이들이 건강하게 배우고 성장할 수 있도록 이에 맞는 생활의 리듬을 잘 만들어 주어야 한다. 분유나 설탕이 들어간 음식에 의해서 이가 삭은 경우는 여기서는 해당하지 않는다.

- 팔(손)이 머리 반대편 귀에 닿는다.
닿지 않은 아이는 아직 정신이나 몸 상태가 학령기 공부를 할 준비가 덜 된 상태다.

- 척추가 아직은 S 자형
이 자세로 딱딱한 의자에 앉아서 몇 시간씩 공부하는 것이 힘들다. 그래서 1~2학년에서는 아래 사진처럼[1] 움직임 걸상과 방석을 이용하는 것이 좋다. 3학년 때부터 척추가 어느 정도 1자로 반듯하게 되는데 이때부터 우리가 흔히 쓰고 있는 의자에 앉아서 공부하게 해야 한다. 이러한 아이들의 상태를 이해하지 못하고 아이들이 의자에 바로 앉지 않는다고 바른 자세를 강요하는 것은 아이들에게 힘든 고통이기 때문에 이 시기 아이들의 발달 상태를 제대로 아는 것이 중요하다.

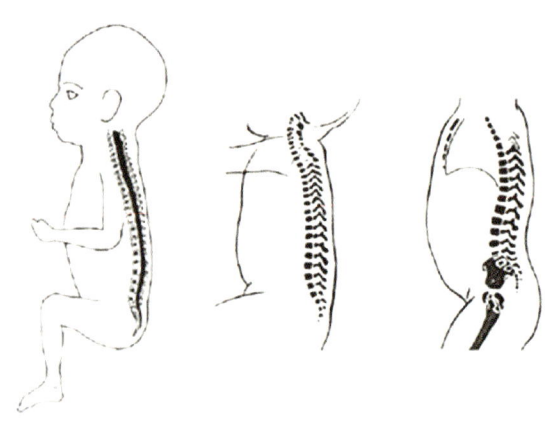

[그림-18]

[그림-20]

- 세상은 아름답다.
이 시기 아이들은 세상에 대한 경외감을 지니고 있다. 그래서 아이들 자신들이 경험하는 모든 것들을 아름답게 느끼면서 받아들이려고 하기 때문에 영혼 없는 지식이나 개념들을 주입하는 수업은 가능하면 멀리해야 한다. 아이들이 안정감 있게 배우고 채워나갈 수 있도록 하는 배려와 기다림의 교육이 필요하다. 또한 가르치는 모든 것

---

1) 2012년 공현진초 1~2학년 교실에 국내 공교육에서 최초로 움직임 걸상과 방석을 만들어서 써오고 있다.

이 아름다움 즉 예술이어야 한다. 수업을 예술로 생각하고 예술적으로 가르칠 때 아이들 역시 배우는 모든 것에 대해서 진정한 가치를 느끼게 된다.

- **머리가 몸 전체 1:6 비율이다.**[2]

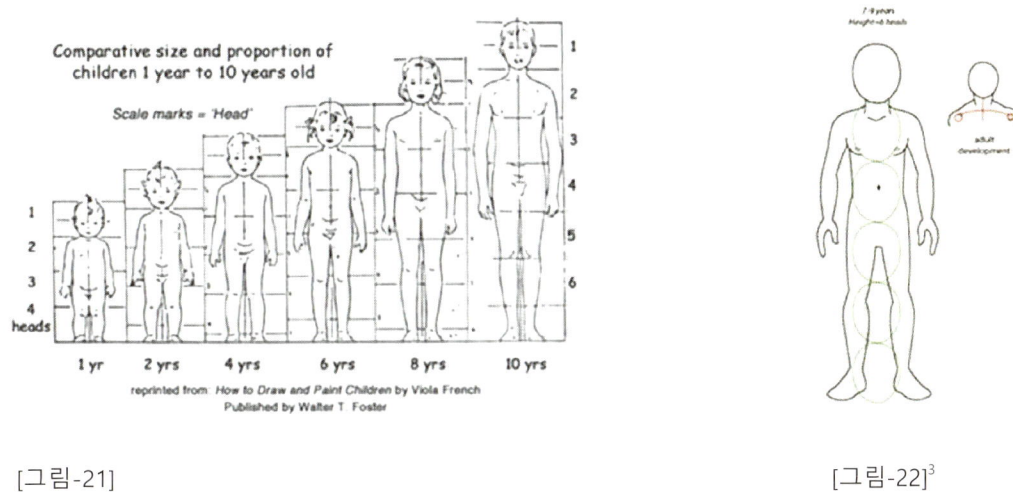

[그림-21]   [그림-22][3]

신체 발달이 아직도 불균형을 이루고 있다. 이 나이에 아이들은 아직 '지구에 내려오지 않았다'. 라고 표현할 수 있다. 그래서 긴 다리와 몸통으로 앞으로 독립되고 균형적인 몸으로 자라나기 위해서 준비가 되어 있음을 보여주고 있다. 그래서 균형감각을 키우기 위한 놀이 활동을 많이 하게끔 해주는 것이 좋다.

- **감정적으로 주변 세계와 하나라고 생각한다.**
또한 단일성의 감각을 경험한다. 자신의 주변과 자아를 연결하며 주변의 식물, 동물, 돌, 산, 강, 들에 대해 알게 되고 늘, 구름, 별, 꽃, 동물, 돌들에 대해 이해하게 된다. 그러다 보니 아이들은 본능적으로 주위 사람들의 행동이나 모습을 그대로 따라 하기(모방)를 좋아한다.

- **이 시기 아이들은 제 생각과 감정을 의식하지 않는다.**
직관적으로 있는 그대로를 말한다. 또한 당황스러울 정도로 정직하게 곧이곧대로 이야기한다. 예를 들어 집에서 부모님들이 나눈 말이나 행동, 아니면 교실에서 선생님의 행동이나 말 따위들. 그렇지만 이 시기 아이들은 지적인 생각이나 개념을 표현하지 않기 때문에 가능하면 지적인 설명은 바로 하지 않거나 하더라도 풀어서 이야기해주어야 한다. 그래서 '개념'을 바로 넣어주는 수업은 아이들에게 약보다는 독이 될 수 있다.

- **'전체에서 부분'으로 나누어진 수업내용으로 교육과정을 운영해야 한다.**
아직 미분화된 상태이기 때문에 전체에 초점을 맞추어서 각 교과 내용을 가르쳐야 한다.

---

2) https://www.pinterest.co.kr/pin/877498892728757212/

3) https://design.tutsplus.com/articles/human-anatomy-fundamentals-advanced-body-proportions--vector-19869

- 행동에 의한 학습을 중심으로 수업을 해야 한다. 이 시기 아이들에게는 행동 자체가 감각이고 여기에 모든 경험을 통합하기 위해서는 여러 감각 활동이 필요하므로 이에 맞는 학년 교육과정을 운영해야 한다. 그렇다고 날마다 놀이(?)만 하라는 것이 아니다. 여러 가지 리듬 활동, 움직임 교육, 균형 놀이, 말놀이, 펜타토닉 불기, 형태그리기, 습식수채화 그림 작업--. 단순히 머리로만 배우는 것이 아니라 온몸으로 배우고 익히는 내용으로 수업을 구성해야 한다는 것이다. 아이들은 모든 것이 자신의 주변에서 일어나는 감각을 통해 받아들이기 때문에 담임 교사는 이러한 것들이 아이들의 감각기관과 잘 연결하도록 해주어야 한다. 칠판그림을 통한 이야기 수업이든 셈하기 수업, 산책 활동, 노래, 생일시, 리듬 활동이든 어느 것 하나 소홀함이 없이 영혼을 불어넣거나 감각을 일깨우는 수업을 해야 한다.

- 감정이 발달하기 시작하는 단계다.
이 시기 아이들은 호흡과 순환과 깊은 관련이 있는 '리듬 체계'가 발달하기 시작하므로 이 시기의 교육은 머리가 아니라 가슴과 연관된 감정을 중요시하는 교육에 중점을 두어야 한다. 글자나 숫자 익히는 것을 단순히 개념이나 기호로 가르치기보다는 교사의 살아 있는 풍부한 이야기로 들려주고, 아름다운 칠판그림으로 보여주어야 한다.

- 소근육 발달이 진행중이므로 이에 대한 교육활동이 필요하다.
바로 수공예 (뜨개질) 수업을 필수로 해야 한다. '대바늘뜨기'는 손놀림의 능력을 인식하고 정신을 깨운다. 꾸준한 함으로써 의지를 성장하게 하고 미적 감각(리코더주머니, 모자, 인형)을 키우게 한다. 이에 대해서는 뒤쪽 '슬기로운 생활'에서 자세히 소개했다. 더구나 작은 글씨를 쓰는 것이 힘들어서 가는 연필로 글씨를 쓰게 하기보다는 굵은 연필색연필이나 막대나 사각크레용으로 글씨를 쓰게 한다. 1학년 1학기에는 아주 적은 꼭 글씨만 쓰게 하고 점차 글씨 양을 늘려 가는데 처음부터 많은 글씨를 쓰지 않게 해야 한다. 또한 받아쓰기는 무리하게 할 필요가 없다. 2학년 때부터 권한다.

4)

---

4) https://waldorfalicante.com/wp-content/uploads/productos-waldorf.material-pedagogico-lapices-ceras-estuche.jpg

- 원을 이용한 수업을 많이 해야 한다.

이 시기 아이들은 주변 세계와 하나라고 생각하고 있기에 사람과 자연과 아이들을 자연스럽게 연결하게 해주는 기호가 원이다. 우리는 모두 하나라는 동질감을 가게 되고, 옛이야기를 할 때 강의식 수업보다는 둥글게 원을 만들어서 앉게 하고 나서 이야기를 들려주거나 여러 가지 리듬활동을 할 때 둥글게 원을 만들어서 하면 아이들은 선생님과 친구들과 훨씬 더 친밀감을 느끼며 활동에 참여한다. 선생님 역시 아이들과 일대일 균형 잡힌 사랑의 관계를 이룰 수 있다. 아침에 와서 걸상들을 치우고 나서 활동하기보다는 전날 교실 청소를 하면서 걸상들을 한쪽이나 사방으로 치워놓고 가운데는 카펫이나 러그를 깔아 놓으면 자연스레 아침 수업전 활동을 할 수 있다.

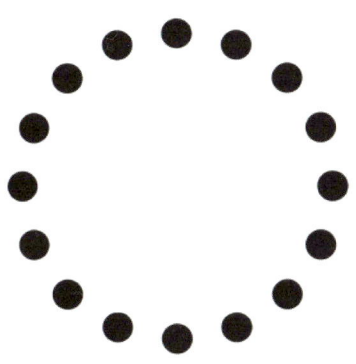

5

6

- 이 시기 아이들은 말(언어)을 이용해서 자신들의 타고 난 리듬을 끌어낼 줄 안다.

천천히 말하고 집중해서 듣기, 온몸으로 쓰기, 상상하며 읽기 따위들을 온몸으로 익히고 배울 줄 안다. 숫자나 셈하기 역시 그 속에 담긴 정신성을 느낄 수 있기 때문에 이에 맞는 수업을 해야 한다. 또한 동식물에 관한 이야기, 날씨 따위에 관한 자연현상에 관한 이야기를 듣고 경이감과 생명에 대한 존중감을 가지게 되는 시기다.

5) 독일 키일발도르프학교
6) 창원 우진영 선생님 교실 사진

2. 올바른 글자 익히기 수업을 위해서

가. 선그리기가 아니라 '형태그리기'다.

- 국어 교과서 앞부분에 나오는 '선그리기'는 먼저 '선그리기'라고 설정한 것 자체가 잘못되었다. 글자를 배우기 전 몸풀기로 아이들이 부담 없이 익히기 위한 준비단계라면 이것을 왜 하는지에 대한 이해가 있어야 한다.
- 여러 형태(문양)가 발전된 것이 말(언어)이다. 선사시대 문자가 없었던 고대인들은 그들 나름대로 문양을 가지고 의사소통을 해왔던 언어다. 이것이 상형문자인 한자나 알파벳으로 발전된 것이다. 따라서 완전한 글자를 배우기 위한 사전단계라면 '선그리기'라 하는 것이 아니라 '형태그리기'라 표현해야 맞는다.

<선사시대 켈트 문양>[7]

- 교과서에 '선그리기'는 단순히 '선(Line)' 자체인 기호나 개념일 뿐 어떤 옛이야기나 뜻을 소개하지 못하고 있다. 따라서 글자 익히기 사전단계에 전혀 걸맞지 않다. <형태그리기>는 폼 드로잉(Form Drawing)으로 움직임이 있고 이것을 표현하는 것이다. 상형문자 초기 단계를 생각하면 쉽게 이해될 것이다.
- 더 중요한 사실은 이러한 형태에는 움직임이 있고 이것을 표현하는 것이다. 바람이 불어 물결이 움직이는 모습, 지렁이가 꿈틀거리는 모습, 나뭇잎이 떨어지는 모습, 햇살이 비추는 모습, 무지개 모양 따위로 이 세상에 있는 모든 사물들이 여기에 속한다. 하지만 '선그리기'라고 하는 것은 기호나 개념에 한정되기 때문에 글자와 관련은 그렇게 크지 않다. 단순히 그리기 위한 그리기로 가르친다면 한낱 낙서에 지나지 않는다.

따라서 형태그리기 과정을 충분히 한 다음 글자를 하나씩 가르치면 아이들은 쉽게 익힌다. 하지만 국어 교과서에서 사전단계로 몇 차시 분량만 소개하고 있다. 아이들이 글자를 제대로 익히기 위해서는 글자를 하나하나 배워가는 동안에도 형태그리기를 함께 해야 한다. 그래야 아이들의 예술 감각을 제대로 이끌어 낼 수 있다. 이에 대해서는 2부에서 일 년 동안 실천할 수 있는 내용을 자세히 소개해 놓았다.

- 형태그리기는 움직임은 아주 중요하다. 최종 형태는 결국 움직임을 나타낸다. 형태의 모양이 나비나 어떤 다른 사물을 제시한다 할지라도, 선은 바깥 세계에 있는 어떤 것의 그림(이미지)이 아니라 사물일 뿐이다. 형태의 안쪽이든 주변이든, 형태그리기의 목적은 아이들에게 작은 꽃, 얼굴, 물결, 바람, 나무 따위를 그리게 하는 것이 아니다. 이러한 것들은 선으로부터 빗나가게 한다. 교사는 아이들의 영혼과 관련 있는 움직임을 가져오기 위해 형태의 움직임을 묘사 이야기를 해주어야 한다. 따라서 형태그리기는 선그리기와 달리 선과 형태 사이의 공간도 중요

---

[7] https://www.irishcentral.com/roots/what-your-celtic-symbol-says-about-you-ancient-astrology-secrets-revealed-230249731-237785721

하다. 단순히 선을 긋는 것으로 끝나는 것이 아니라. 공간을 채워야 하고 여기에 색깔을 적절히 쓰는 것. 이런 것들 때문에 선그리기가 아닌 '형태그리기'라 해야 하는 것이 맞고 올바르게 가르쳐야 한다.

※ 1학년 형태그리기 과정 수업 사례
['ㅣ'를 이야기 할 때]
교사 : "'ㅣ'는 하늘과 땅을 연결하는 중간 다리야. 우리들 주변에서 이와 비슷한 것들을 찾는다면 어떤 것이 있을까?
아이들 : "사람이요."
교사 : "그래, 사람일수도 있구나. 사람은 옛날부터 하늘과 땅을 연결하는 몫을 맡기도 했지. 그래서 땅에서 무슨 일이 있거나, 하늘에서 무슨 일이 있을 때면 사람을 통해서 일을 해결하려고 했지. 예를 든다면 제사를 지내서 하늘이나 땅의 신에게 소원을 빌었지.
아이들: "나무도 있어요."
교사 : "그래, 나무도 땅을 중심으로 해서 하늘을 향하고 있구나."
아이들 : "전봇대도요.""기둥이요."
교사 : "그래, 여러 가지가 있구나. 자, 그럼 나(선생님)을 따라서 위에서부터 아래로 살짝 그려 나가 볼까? 어떤 모양의 글자가 생겨날까? 이것을 소리 내어 볼까?"
아이들 : 네^^

- 아래 자세한 자료들이 자칫 억지라는 생각이 들 수 있으나, 다음에 있는 한자나 영어 알파벳 자료들을 보면 쉽게 이해할 수 있을 것이다.

< 그림으로 익히는 한글 >[8]

---

8) 전북 은지승 선생님 자료

< 한자와 영어 상형문자 > [9]

나. 점선을 따라 그대로 그리는 것은 상상력을 제대로 이끌어 내지 못한다.

단순히 흉내에 그치는 활동에 지나지 않는다. 무에서 유를 창조하듯 기회를 열어주어야 한다. 친절한 것이 오히려 아이들의 상상력을 가로막기 때문에 올바르게 지도해야 한다. 아이들의 각자 지닌 기질 특성을 마음껏 발휘할 수 있도록 해주어야 한다. 이미 정해진 선을 따라서 그리는데 이러한 것을 두고 상상력과 창의성을 키운다면 과욕이다.

다. 선그리기는 아이들만 하는 활동인가?

아이들에게 색칠 공부 같은 학습지를 내주고 교사는 단지 관리 감독을 하는 것이 아니라, 어떻게 그려야 할지에 대해서 칠판에 시범을 보이고, 아이들이 그대로 따라 그리도록 해야 한다. 형태그리기는 교사의 참된 예술성을 요구하고 있다. 그렇다고 미술에 소질이 있는 선생님들만 가능한 것이 아니다. 얼마든지 교사 연수로 채워질 수 있다.[10]

---

9) https://studio.donga.com/list/article/all/20040705/1018757/1
10) 창원, 포항, 홍성, 천안, 파주 교사 연수 자료

라. 아직은 연필 대신에 크레용으로
• 손가락 뼈마디가 아직은

1학년 아이들은 세상에 대한 호기심이 많다. 하지만 이갈이가 진행되는 것으로 보면 아직 몸이 다 발달하지 않았다. 아래 사진에 있는 것처럼 몸 비율이나 손가락 마디가 완전하지 않다. 더구나 전체에서 부분으로 발달이 시작되기 때문에 1학년에서 칠판그림은 크고 선명하게 내용이 드러나야 한다.

더구나 아이들이 연필을 쥐고 글씨를 써야 한다. 그렇다면 아이들 손에 연필을 권해야 한다. 어른들이 보통 쓰는 연필은 가늘어서 이 시기 아이들이 쥐고 쓰기에는 어려움이 많다. 위에 손 해부 사진처럼 이 시기 아이들의 손가락 마디는 아직도 커나가고 있는 상태다. 따라서 연필 또한 굵어야 한다. 이에 대한 친절한 안내가 먼저 있어야 한다. 하지만 초등 1학년 국어 교과서에는 이에 대한 배려가 없다. 오히려 이 시기 아이들의 발달단계에 맞지 않는 연필 쥐는 법을 억지로 강요하고 있다.

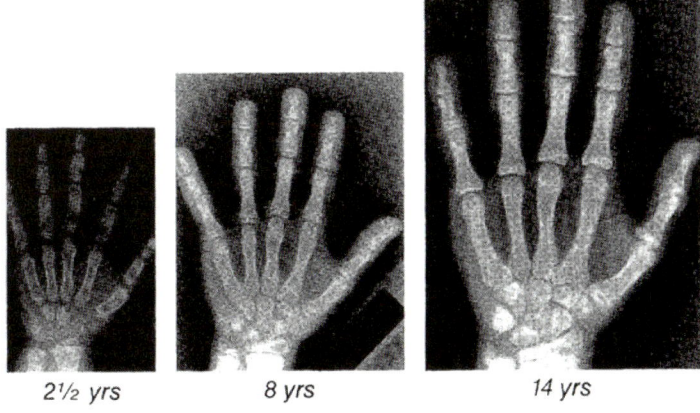
11)

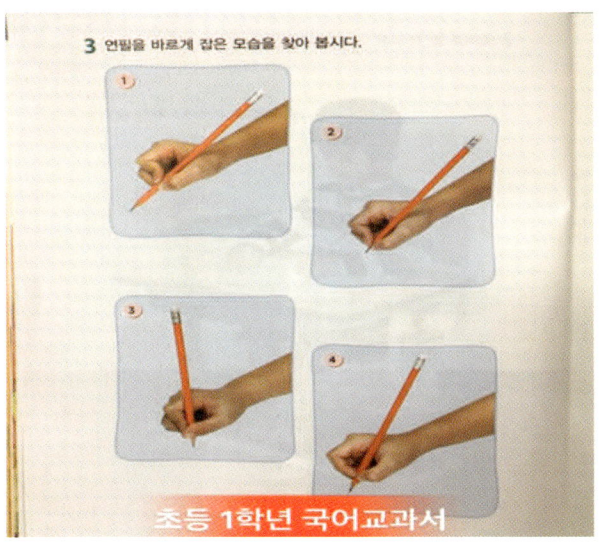
12)

---
11) https://www.paediatricfoam.com/2017/01/precocious-puberty/
12) 2015 개정교육과정 초등 1학년 국어교과서

앞에 엑스레이 사진에서 보듯 손가락 소근육 힘이 약해 사실상 4B연필을 쥐기도 쉽지 않다. 더구나 연필심도 검은색으로 흑과 백에 대한 느낌을 너무 일찍부터 경험하게 해줄 필요는 없다 최소한 여러 가지 색깔로 글씨를 아름답게 써 보는 기회는 주어야 한다. 그래서 초등 1~2학년까지는 손가락 소근육 발달 상태가 미숙하므로 최소한 사각크레용이나 막대크레용, 굵은 연필색연필을 중심으로 쓰면서 손가락 소근육 발달 정도(초등 3학년)에 따라 4B 연필을 쓰게 하고 더 나아지면 HB연필을 쓰도록 하는 것이 올바른 글씨 쓰기 가르침이다.

- 사각크레용과 막대크레용, 굵은 연필색연필을 즐겨 쓰게 한다. [13]

- 배려가 없는 글씨 쓰기

인류가 처음부터 연필이나 만년필을 쓰지는 않았을 것이다. 그렇다면 이 시기 아이들에게도 처음부터 연필을 쓰게 하는 것이나 손가락이나 나뭇가지들을 이용해서 그리거나 쓰는 연습을 해야 한다. 옛사람들이 문자를 만들어지기까지 수백 년 아니 수천 년이 걸 인만큼 최소한 그 시대 사람들은 어떻게 느끼고 있는지를 이런 과정으로 알아보는 활동을 해볼 필요가 있다. 그런 다음 두꺼운 연필색연필이나 사각크레용이나 막대크레용으로 그리거나 쓰게 해야 한다. 수학 수업도 마찬가지다. 최소 2학년까지 쓰게 해야 한다.

하지만 교과서는 아이들을 배려하지 않고 있다. 글씨는 크게 쓰도록 해야 변별이 잘되고 모양도 바르게 되며, 획의 길이나 글씨의 모양도 커지기 때문에 작게 쓸 때보다 더 크게 쓴 만큼의 반복연습 효과도 얻을 수 있다. 글씨를 크게 쓰면 시간이 더 걸릴 것 같으나, 보통 크기의 글씨를 쓰는 속도는 작게 쓸 때와 거의 같고 느리게 쓰는 것보다 빠르게 쓰는 편이 오히려 글씨 모양을 바르게 쓸 수 있다. 하지만 이 시기 아이들이 가는 연필로 글씨를 쓰는 것이 바람직하지 않음에도, 교과서에는 네모 칸에 '글씨를 바르게 써봅시다'라고 제시하고 있다. 결국 교과서를 연구하고 만든 사람들이 아이들의 발달단계에 대해서 제대로 알고 있다면 아래와 같이 이런 것은 제시하지 않았을 것이다. 교과서가 일러주는 대로 아이들에게 연필을 쥐게 하고 네모 칸에 그대로 따라 쓰라고 가르치고 있다. 당장 멈추어야 한다.

---

13) 사각과 막대크레용은 천연 독일 제품으로 머큐리한국코리아에서 판매함

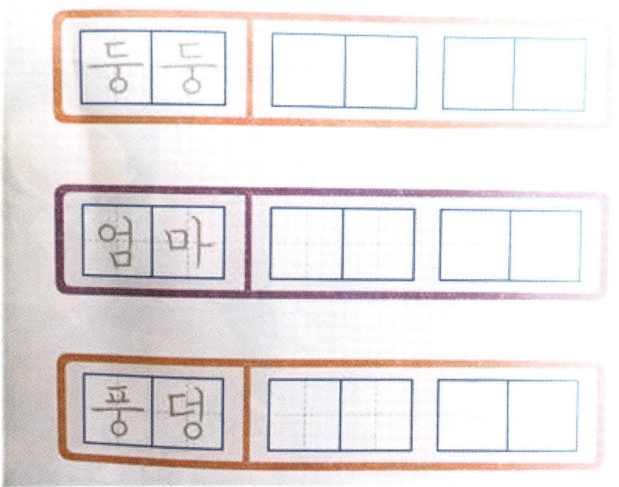

굳이 이 작업을 하고자 한다면 스케치북이나 B4 종이에 네모 칸을 크게 그려서 크레용이나 연필색연필을 이용해서 쓰도록 한다. 아이들 글씨 쓰기는 9살(10살)이 되는 3학년에 가야 손가락 마디가 어른처럼 거의 다 자라기 때문에 이때부터 우리가 보통 쓰고 있는 연필로 쓰게 해야 한다. 그렇다고 이때 연필을 쓰게 하기보다는 동물의 깃털을 이용해서 글씨나 간단한 그림을 쓰게 한다.

<깃털을 이용한 글씨 쓰기 연습>

- **글씨체는 고딕체로**
 교실에 있는 모든 글씨나 교과서 글씨는 명조체보다는 고딕체로 써 놓아야 한다. 먼 옛날 인류가 글씨 쓰기 작

---

14) 2015 개정교육과정 초등 1학년 국어교과서

할 때 명조체로 시작을 하지는 않았을 것이다. 나뭇가지나 막대로 땅이나 벽에 쓱쓱 그렸을 것이다. 한글이 만들어진 초기도 글자체가 대부분 고딕체에 가깝다. 글자에 멋을(?) 불어 넣는 것이 명조체이고, 아이들이 글씨체에 본격 관심을 보이게 되는 3학년부터 칠판에 명조체로 판서를 하고 이를 따라 쓰게 하는 것이 바람직한 글씨 쓰기다. 따라서 글씨 쓰기도 발달단계에 따라 다르게 지도해야 한다. 우리가 흔히 칠판에 써 놓은 글씨들은 아이들에게 글씨에 대한 부담감으로 다가오기 때문에 가능하면 그나마 편안한 글씨체로 쓰게 해야 한다.

• 3학년에서는 아이들이 자신만의 글씨체를 갖고 싶어 하기 때문에 이러한 연습으로 글씨체를 느끼게 해주어야 한다. 충분한 연습 과정을 거쳐서 연필로 글씨를 쓰게 하고, 또한 글씨체에 멋을 불어 넣는 작업을 해주는 것이 좋다.

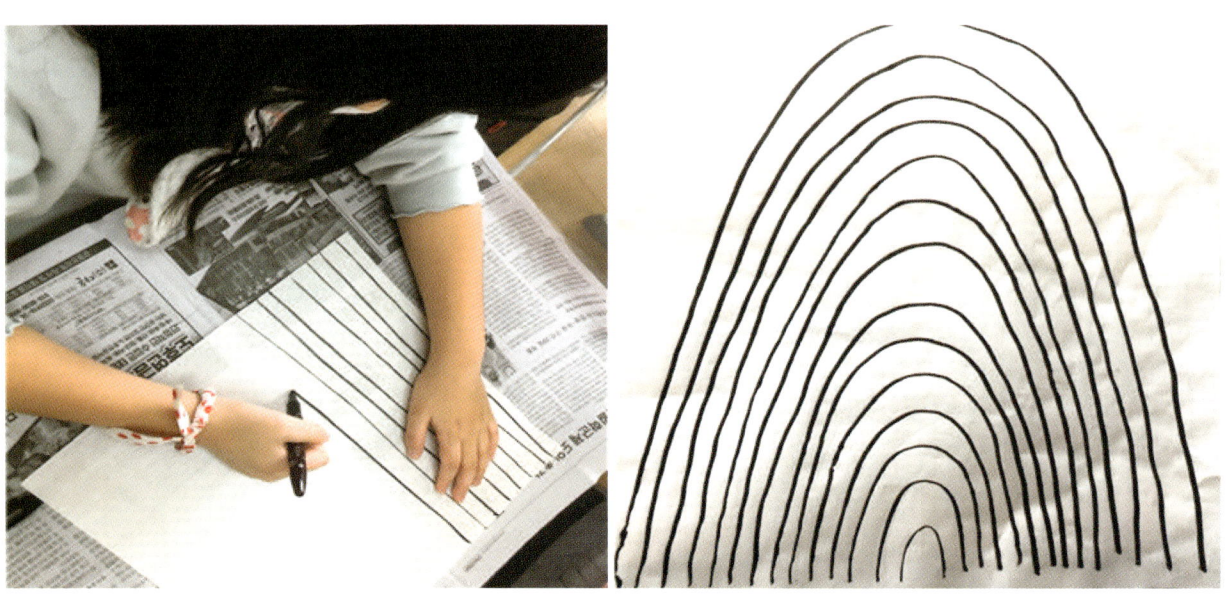

2부. 세상을 아름답게 그리는 형태그리기

1. 형태그리기에 대해서

가. 형태그리기란(Formenzeichnen)

 형태그리기는 단순히 개념이나 그대로 흉내를 내거나 따라 그리기를 목적으로 하지 않는다. 학년별 주제는 아이들이 성장하면서 경험할 수 있는 내용을 다룬다. 운동, 반복(되풀이)과 형태가 만들어지는 과정을 아이들 각자가 온몸으로 경험하게 하고 이것을 표현하는 데 있다. 그 과정에 아이들은 의지가 길러지게 된다. 아이들이 형태(Form)를 배우는 것은 자기 자신에 대한 온전한 "나"를 만들어 가는데 큰 효과가 있다. 형태그리기(Formenzeichnen, 포르멘)에 대한 매력에 대해서 괴테의 <파우스트>에는 다음과 같은 구절이 있다.

> *이 형태는 나를 사로잡는다.*
> *이 순수한 선들을 대할 때면*
> *자연은 내 영혼 앞에서 살아 움직인다.*
> *모든 것은 서로 얽혀져 있다.*
> *그 안에서 서로 살아 숨을*

그만큼 괴테도 '형태그리기'에 대해서 놀라움과 중요성을 강조했다. 더구나 괴테가 식물학을 연구하면서 식물이 가지고 있는 본성을 더 느끼게 되었는데 이것을 '형태그리기'로 나타내었다. 식물이 자라면서 가지고 있는 본성 그 자체를 뜻하기도 하는데 이에 대해서는 앞으로 '식물학'과 관련해서 소개한다. 아래 그림을 보면 점차 식물이 어떻게 성장하느냐에 따라서 가지고 있는 본성은 변하지 않지만, 바깥 모습은 바깥 영향에 따라서 달라짐을 알 수 있다.

형태그리기 형태들은 직선과 비뚤어진, 별들과 나선 자연적으로, 몸 안에, 삽화 속에서 대부분 나선으로 발견된다. 소용돌이 모양, 일정하고 율동적인 곡선, 대칭과 기하학 모양. 따라서 형태그리기 수업은 예술 교육을 바탕으로 성장과 배움의 길로 나가는 치유예술 수업이라고 할 수 있다. 루돌프 슈타이너 박사는 형태그리기에 대해서 '창의성과 상상력을 개발하는 중요한 수단'이라고 했다.

교실에서 형태그리기를 아이들과 실제로 해본 선생님들은 얼마나 매력적이라는 것을 안다. 더구나 요즘처럼 의지가 약한 아이들에게는 형태그리기 수업이 대단히 효과가 크다.

(자연 사물에서 형태 찾기)

이렇게 바람이 불어서 물결이 춤추듯 한 모양을 살아 숨을 쉬게 표현할 수 있는 것이 바로 형태그리기다. 선그리기에는 이런 생동감이 없다. 단순히 선을 그어보는 것에 그치기 때문에 여기에는 상상력을 이끌어내는 것은 쉽지 않다.

나. 모음과 관련 있는 형태그리기

국어 교과서에서는 먼저 가르치라고 하고 있는데, 올바른 제시가 아니다. 모음 가운데도 말소리나 표현에 가장 기본이 되는 'ㅏ, ㅔ, ㅣ, ㅗ, ㅜ'를 먼저 가르쳐야 한다. 그런 다음 자음에서도 'ㄴ,ㅇ,ㄹ,ㄷ,ㄱ'을 가르쳐야 한다, 그런 다음 다시 다음 모음을 가르치고 또 자음을 가르쳐야 바른 글자지도다.

모음을 먼저 가르치는 것은 한소리(음절-아, 야, 오, 우--))로 된 글자로 온몸으로 쉽게 익힐 수 있는 글자다. 또는 손쉽게 감정이나 의사 표현이 가능하다. 이에 비해서 자음은 두 소리(음절-기역, 니은, 비음--)로 소리를 내기 위해 생각이 필요하다.

다. 이런 수업 교구가 필요하다.
 - 검정 칠판

  교실에 있는 칠판의 경우 검정 칠판으로 되어 있으면 바로 시작하면 되는데, 아쉽게도 전자칠판이나 매끈매끈한 칠판, 아니면 화이트보드가 대부분이다. 여기에 분필로 그리기가 쉽지 않고 그린다고 해도 느낌이 잘 살아나지 않는다. 그래서 가장 좋은 방법은 검정 칠판으로 바꾸는 것이 좋으나 학교 현실상 힘들고, 그 대안으로 검은색 머메이드 종이 전지 크기를 이용하면 된다. 처음에 부담스러울 수 있으니 4절지 크기를 이용하면 되고, 점차 그림그리기 솜씨가 늘린 전지로 옮겨서 그리면 된다. 검정 칠판의 경우 다음 수업을 위해 지울 수밖에 없는 아쉬움이 있지만, 이 검은색 머메이드 종이는 떼어내어 교실 환경 구성으로 적절하게 이용해도 되고, 같은 학년이 많은 큰 규모의 학교 경우는 수업 자료를 공유해서 써도 좋다. 아니면 학급 예산이 된다면 아래 사진처럼 아이들 각자 검정 칠판을 만들어서 쓰면 좋다. 학기 말에 가서 검정 칠판 페인트를 다시 칠해 놓으면 새 학년에 가서 다른 아이들이 다시 쓸 수가 있다.

 - 칠판 분필 [1]

  이 분필은 색깔과 쓰기에 모두 최고의 질을 가지고 있다. 단지 국내산이 아니고 수입 제품이라는 아쉬움이 있지만, 구매에 별 어려움이 없다. 더구나 요즘 대부분 문구류도 중국산과 동남아시아산이 대부분인 것에 비하면 다행이다. 이 분필의 특징 가운데 하나가 강한 색깔 부분은 부드러운 파스텔 색깔을 만들어내는 동시에 강한 불투명한 층을 만들어낸다. 색깔들은 강한 톤에만 적용될 뿐만 아니라 하나하나가 그것들과 칠판에 쉽게 섞이면서 칠판 그림을 '진정한 예술'로 만들어내고 있다. 물론 사람마다 쓰임에 따라 다를 수 있지만, 그래도 이런 분필을 쓸 수 있다는 자체가 큰 기쁨이다. 교사들이 분필을 쓰다가 자신들의 손가락이 더러워지는 경우는 분필을 싸고 있는 종이를 잘 이용하면 되는데, 이러한 조심성을 버리고 묻혀 가면서 쓴다면 손쉽게 물로 씻을 수 있다. 내 경우도 손을 직접 묻혀 가면서 그리는 것이 훨씬 편하고 분필에 대한 질감을 느낄 수 있어서 좋다. 또한 이 분필이 너무 딱딱하지 않아서 쉽게 바스러지지 않아서 쓰기에 편하다.

---

[1] 독일 머큐리어스회사 제품을 추천한다.

<칠판 분필>[2]

- **칠판그림관련 도구**[3]

칠판을 쓰기 전에 깨끗하게 하는 것은 중요하고 칠판 지우개는 그러기에 좋은 도구이다. 더 많이 닦을수록 더 좋아진다. 지우개는 교사에게 회색 비행기와 그림자를 만드는 능력을 준다. 또한 칠판 지우개가 선을 지울 뿐만 아니라 뒤에 몇몇 회색 자국을 자주 남기는 걸 보여준다. 이것은 결국 젖은 스펀지를 이용하고, 마지막으로 마른 수건으로 없앨 수 있다. 그렇게 되면 검정 칠판으로 아주 깨끗해져서 또 다른 그림들을 그릴 준비가 되어 있다.

---

2) 독일 제품으로 한국에서는 머큐리코리아에서 판매하고 있음.

3) https://www.hunzikershop.ch/contents/de-ch/d2.html

형태그리기(Formenzeichnen) | 23

1) 청소도구 모둠

2) 밀대와 습식용 스펀지

3) 수건

4) 건조용 스펀지

- 검정 머메이드 종이(양면)

 교실에 검정 칠판이 있으면 그림을 그리는 것이 수월하지만, 아쉽게도 그렇지 못하다. 더구나 요즘은 미세먼지 대책으로 기존 초록 칠판도 전자칠판으로 다 바꾸고 있어서 검정 칠판을 쓰는 것은 거의 힘들다. 따라서 교사의 관심으로 여유가 있는 칠판 양쪽에 반쪽짜리 칠판을 이용해서 검정 페인트로 검정 칠판을 작업해서 쓰면 되지만, 이것 역시 쉽지는 않다. 그래서 생각해 낸 것이 검정 머메이드 종이다. 교사 연수에서도 검정 칠판을 이용하면 좋겠지만, 재료 준비에 어려움이 있어서 검정 머메이드 종이를 이용한다. 물론 질감에 차이가 있지만, 그런대로 칠판 그림 관련 연수를 할 수 있어서 지금까지 교사 대상 연수에서는 검정 머메이드 종이를 쓴다. 선생님들 가운데는 더 좋은 질감을 위해서 손수 제작하는 분들도 계신다. 종이의 크기는 전지를 주로 이용한다. 교사 대상 연수에서는 보통 8절지를 이용하나, 교실에서는 전지 크기 종이에 그려서 수업에 활용하라고 이야기하고 있다.

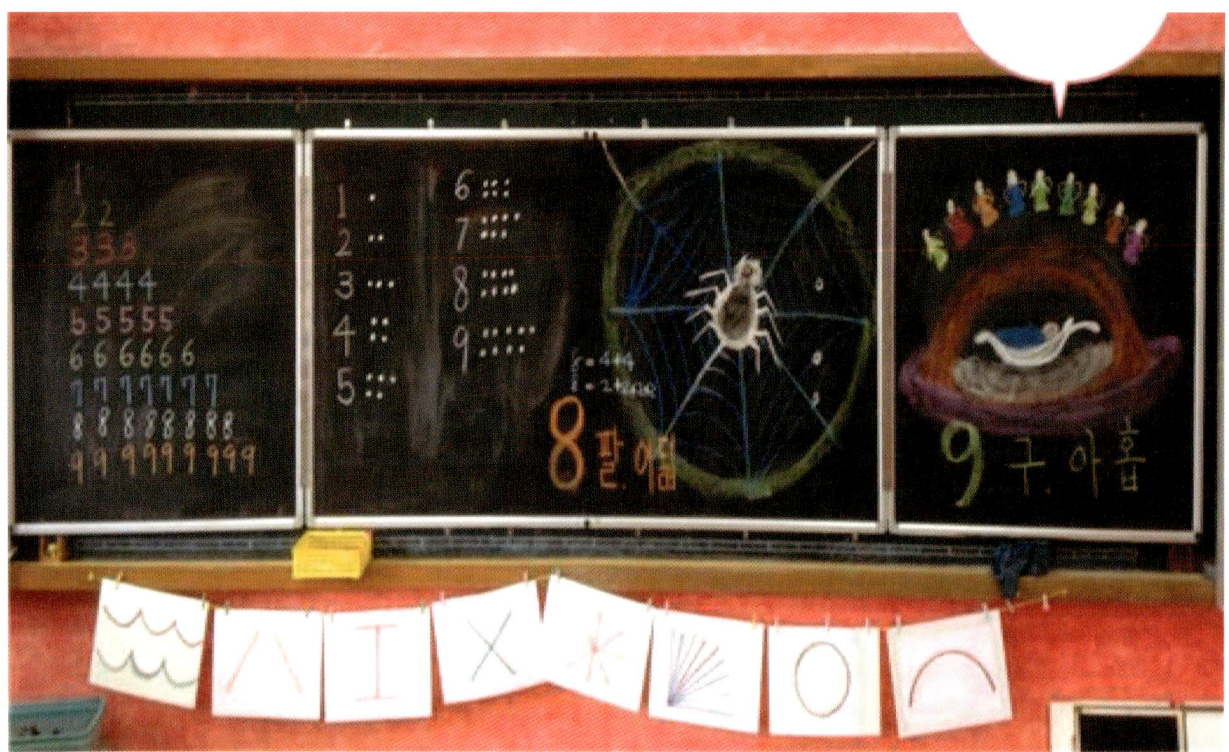

<검정 머메이드 종이[4] 를 이용한 칠판그림 >

---
4) 교실 칠판이 검은 칠판이면 이용하는 데 문제가 없겠으나, 대부분이 그렇지 못하기 때문에 전지크기 양면 검은색 머메이드 종이를 이용하면 좋다.

라. 왜 검정 칠판일까?
- 칠판그림에는 수업의 지혜가 담겨 있다.

[칠판분필의 여러 가지 색감]

- 칠판그림을 제대로 그리기 위한 연습

수업의 즐거움은 칠판에 그림을 그릴 때 나온다. 물론 여러 활동에서도 나오지만, 칠판그림을 그릴 때만큼은 그 속에 완전히 빠져들기 때문에 즐거움이 몇 배 더 하다. 그만큼 칠판그림은 많은 수업의 필수적인 부분이라 할 수 있다. 교과과정을 튼튼히 뒤받쳐는 그림, 새로운 수업 주제를 알리는 그림, 계절 행사를 아이들에게 알려주는 그림, 이야기를 묘사하는 그림들이 있다.

그렇다면 이러한 그림들을 어떻게 그릴 수 있을까? 어떤 칠판 분필을 이용하고, 어떠한 방법으로 그릴까? 처음 시작하는 사람들은 어렵다고 생각할 수 있지만, 크레용 대신 분필을 가지고 도화지가 아닌 칠판에 그린다고 생각하면 쉽다. 그렇다고 전혀 새로운 기법을 요구하는 것도 아니다. 우리가 실제 생활에서 보고 듣고 느꼈던 것을 그대로 표현하면 된다. 물론 처음부터 흡족할 만한 칠판 그림들이 쏟아져 나오지 않는다. 물론 나오는 일도 있겠지만 꾸준히 이어지지는 않는다. 꾸준함을 위해서 요구되는 것이 바로 '연습'이다. 기능을 강화하는 단순 작업이 아닌, 구성, 주제, 발달론, 색채론 따위를 깊이 있게 곁들이면서 연습을 해나간다.

그런다면 어떻게 연습할까? 연습은 주로 네 가지를 중심으로 해보는 것이 좋다. '선으로 작업하기', '평면으로 작업하기', '선과 평면으로 작업하기','색깔로 작업하기' 이외에도 여러 방법이 있지만, 이 네 가지 기초가 되는 방법들만이라도 충분히 익히면 멋진 그림들을 그릴 수가 있다.

- 왜 검정 칠판일까?

그렇다면 칠판은 왜 검은색일까? 우리는 그저 하얀 칠판도 쓸 수 없을까? 검은색은 좀 더 효과적인 방법으로 당신의 관심을 이끈다. 그것은 마치 우리가 빛과 함께 어둠을 보는 것 같다. 하얀색은 더 인상적이고 선명하다.

위에 두 개의 색상 이미지를 볼 때, 더 많은 설명이 필요하지 않다. 검정은 다소 물러나는 경향이 있고 색깔들은 진정되는 영향을 받는다. 그렇지만 흰색은 즉각적인 활동을 요구한다. 색깔들은 더 밝아지고 빛이 난다. 검은 칠판에서 작업하는 것에 대한 낯선 것은 더 밝을 필요가 더 강하게 적용된다는 것이다. 우리가 하얀색을 더할수록 더 많은 빛이 칠판에 나타난다. 상황은 하얀색에다 그릴 때 바뀐다. 이때 교사는 칠판에서 어둠 안에 빛이 있다고 보여준다. 아이들이 자신들의 연습용 책에 작업을 시작할 때, 반대의 일이 일어난다. 아이들은 하얀 종이에 빛을 다시 만든다. 아이들은 빛으로 어둠을 가져온다. 아이들이 칠판의 검은 배경과 종이의 하얀 배경 사이의 차이를 알아차리지 않고 칠판의 그림을 아이들은 종이에 그린 것으로 바꾼다는 것은 주목할 만하다.

또한 칠판은 특정한 어둠을 가지고 있어서 그림의 어딘가 많은 빛을 만든다는 것은 중요하다. 아이들은 검고 하얀 대조를 많이 봄으로써 두통을 일으킬 수 있다. 이 문제에 대해 해답을 제공하기 위해 초록색 칠판이 만들어졌다. 학교 현장 교실에 있는 초록색 칠판이 다 이런 이유가 있었다. 근대교육 초기에는 칠판 색깔이 검정이었다. 따라서 초록색 칠판은 좀 더 차분하고 균형 잡힌 효과를 아이들에게 가져오고 그려진 내용을 읽어내는 게 더 쉬워졌다. 색깔들은 더 부드러워졌고 적은 대조로 덜 빛났다.

만약 교사자신지 직접 이 과정을 실험해본다면 아주 놀라운 경험을 할 것이다. 검은색 대 초록색 종이에 분필을 써 봄으로써 다른 효과를 연습하고 차이를 경험할 수 있다. 또한 검은색 배경은 색깔들이 더 강하게 나온다는 것을 느끼게 된다.

※ 일반 칠판에 그려도 된다.

완벽하게(?) 준비해서 시작하면 좋겠지만, 여건이 허락하지 않는다면 일반 칠판을 이용해도 된다. 그대신 분필은 가능하면 앞에서 제시한 천연분필을 이용하는 것이 색채나 색감에 좋다.

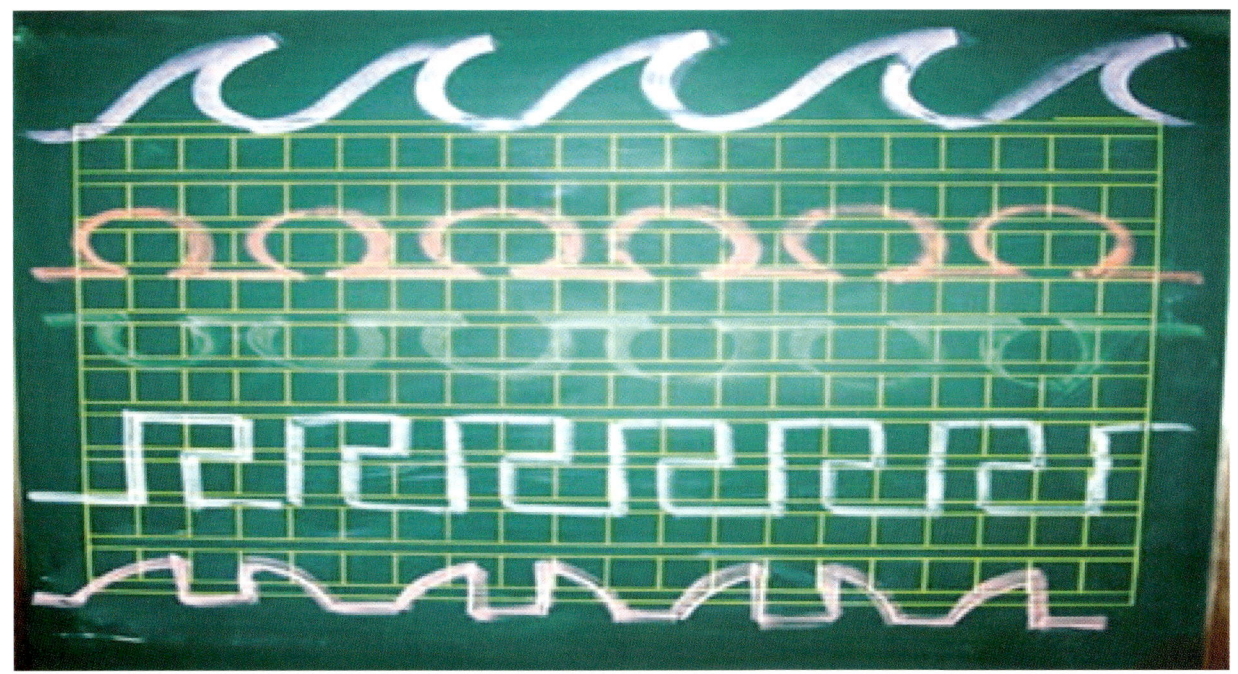

마. 더 좋은 형태그리기 수업을 위해

▣ 일러두기

다음에 제시하는 여러 형태그리기를 꼭 따라 하는 것도 좋지만, 이것들을 참고로 해서 학급 아이들 특성과 지역 환경을 생각해서 이에 맞는 형태그리기를 찾아서 만들어서 가르치면 몇 배 더 효과가 있다.

▣ 형태그리기와 선그리기 차이

아래 사진을 보면 '형태그리기'와 선그리기 차이를 확실히 볼 수 있다. 형태그리기는 그리기 연습 과정으로 내면 깊숙이까지 감각을 느낄 수 있는 것에 비해 선그리기는 일회성으로 그치기 때문에 손 감각 또한 제대로 느끼지 못한다. '백문이 불여일견'처럼 직접 그려보면 그 가치를 알 수 있다.

아래 사진 경우는 되풀이되는 과정을 연습하기 때문에 굵게 그리지 않아도 된다. 하나로 된 형태들만 굵게 그리면 된다.

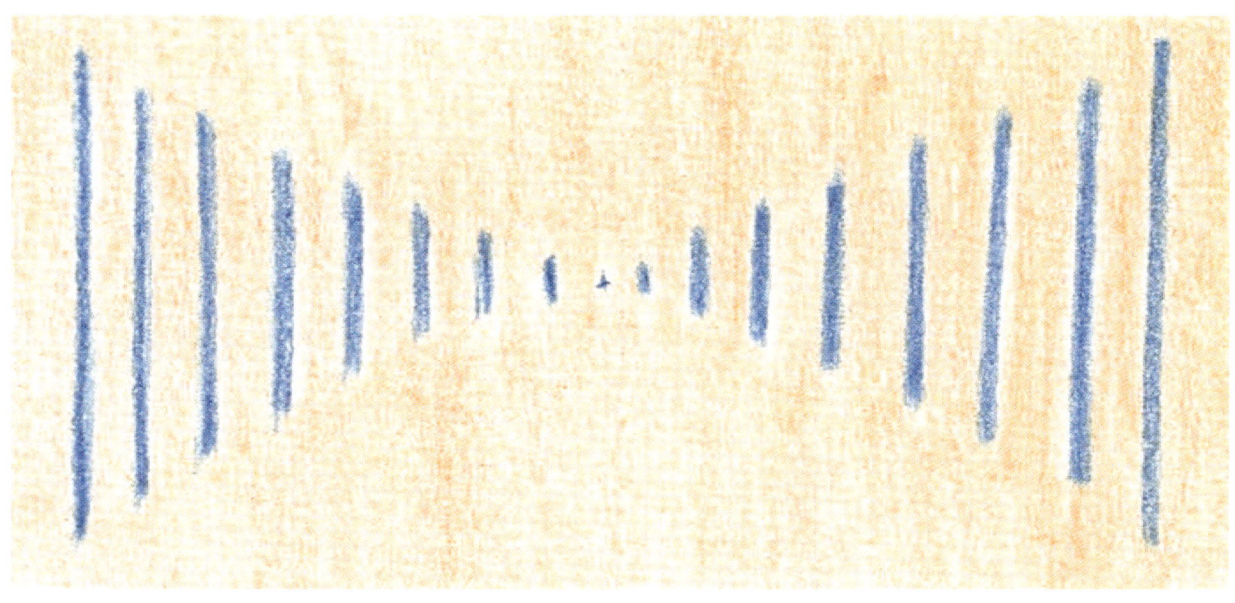

▣ 바탕을 칠하고, 테두리를 그리는 이유는?

· 우리가 현재 살아가고 있는 세상은 빛으로 가득 채워져 있다. 그렇다면 그림 작업에서도 가능하면 밑바탕을 기본으로 연하게 칠하고 나서 그리기 활동을 시작해야 한다. 형태그리기나 옛이야기 관련 그림을 그릴 때도 가능하면 여백을 남기지 않도록 지도해야 한다. 물론 중심 내용 그리기 활동을 하기 전에 밑바탕을 칠하라고 한다면, 굳이 그리기 작업을 다 하고 나서 여백을 남기지 말라고 말할 필요가 없다.

· 이 시기 아이들 발달 특성은 아직 완전한 상태를 이루고 있지 못하고 있어서 어른(교사, 부모)의 도움이 필요하다. 누군가에게 보호를 받는 소중한 존재라는 것을 아이들은 이러한 작업으로 느낀다.

· 테두리 작업을 할 때 가능하면 사각보다는 부드러움을 줄 수 있게 둥글게 칠하면 좋다. 교사의 시범이 있으면 아이들은 금방 따라 한다. 테두리 모양은 진하게 할 수 있고, 다음에 소개한 글자 그림처럼 바깥에서 안쪽으로 서서히 연하게 칠해도 된다.

· 글자나 숫자도 마찬가지다.

■ 8절지 도화지나 B4 종이를 이용한다.[5]

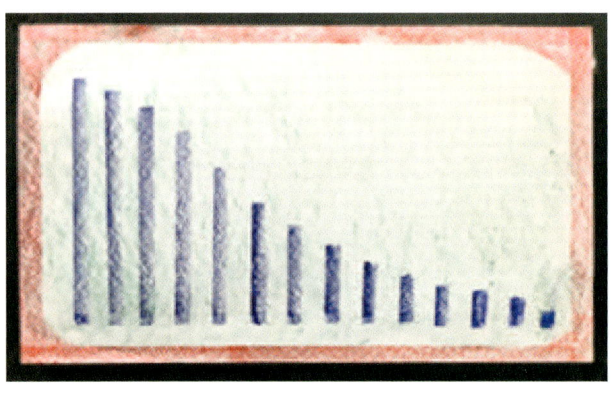 

5) 아래쪽이 A4종이.

■ 큰종이(2절지)에 그린다.[6]

6) 2절 종이에 그려 보는 것은 1주일에 한번정도 새로운 내용을 시작할 때 하는 것이 좋다. 큰 종이에 그려보는 것은 이 시기 아이들 발달특성을 잘 반영한 수업활동으로 이런 작업을 할 때 아이들은 마치 형태속에 들어가는 느낌을 가지게 되고, 편안함을 느낀다. 글자나 숫자도 이와 마찬가지다.

바. 형태그리기 수업을 꾸준히 할 경우

형태그리기에는 의지, 감정, 사고를 강화하는 생명력이 들어 있어서, 가능하면 아이들이 각 요소를 골고루 배울 수 있도록 균형 있는 가르치는 지혜가 필요하다. 일회성이나 한두 번 맛보기 정도로 가르치기보다는 일 년(1, 2학기) 동안 가르칠 수 있도록 장기 계획을 세워서 월별로, 또는 주별로 치밀한 계획을 세워서 가르치면 더 많은 효과를 기대할 수 있다.

■ 의지를 더 길러내는 형태 : 영혼 안의 균형과 조화에 중점
  ⊙ 직선과 곡선 : 공감과 반감의 균형을 강화함.

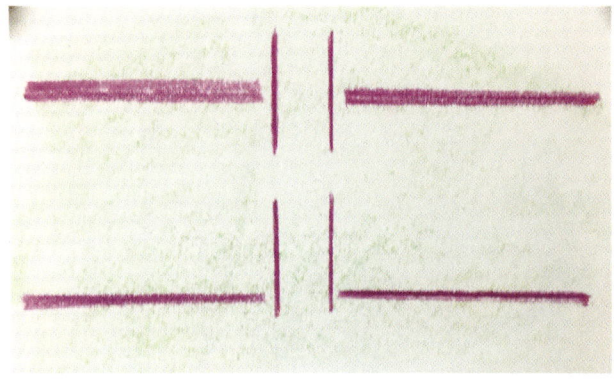

  ⊙ 나선형 : 소용돌이(안쪽과 바깥쪽)의 균형을 이루게 함.

  ⊙ 완전하지 않은 대칭으로 완전하게 이끌어 냄.

■ 감정을 더 길러내는 형태 : 영혼의 생명력에 중점
  ⊙ 나선형 : 생명력을 느끼게 함.

 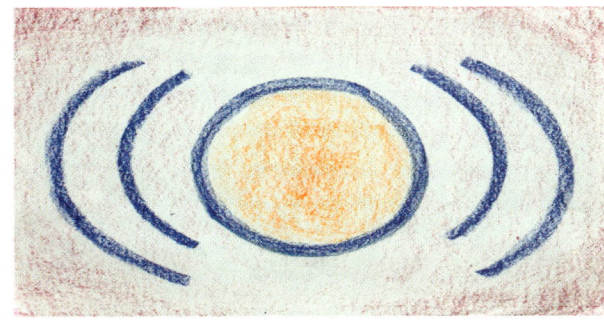

  ⊙ 원 : 역동성으로 영혼의 생명력을 느끼게 함.
  ⊙ 대칭 : 공감대를 느끼고 연습하므로 사회성 발달에 도움이 됨.

 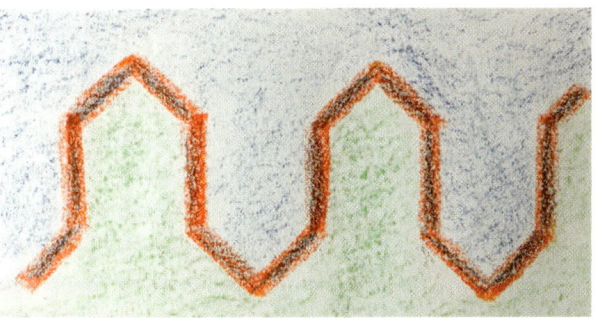

  ⊙ 되풀이 형태 1 : 리듬감을 연습하므로 강한 생명력을 느끼는데 함.

  ⊙ 되풀이 형태 2 : 리듬 있는 연습으로 기쁨을 경험하게 함.

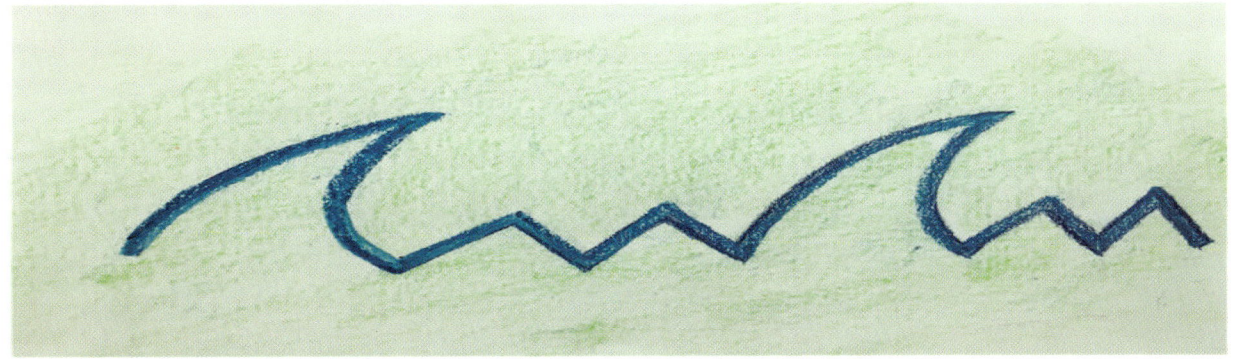

⊙ 되풀이 형태 3 : 자기 연습으로 어려운 과제를 해결하는 성취감을 느끼게 함.

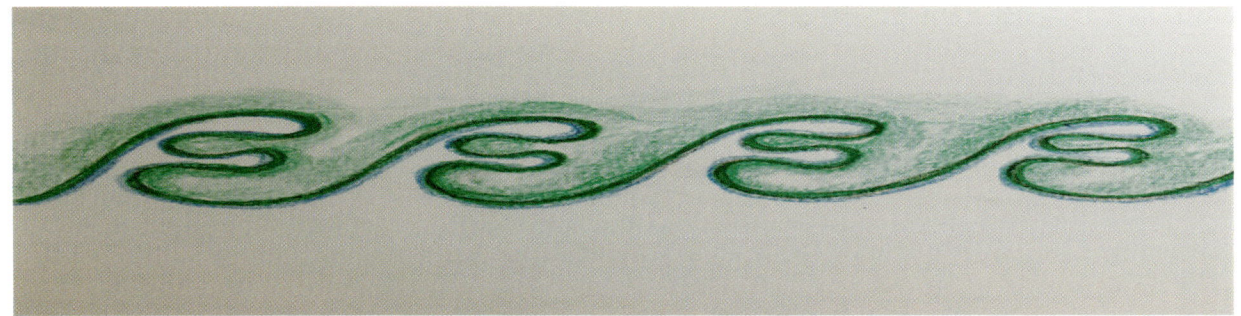

⊙ 성장을 나타내는 변형 : 강한 생명력을 느끼게 함.

⊙ 정신의 힘을 끌어내는 변형 : 진화(변형)된 과제 해결에 기쁨을 느끼게 함.

선과 선 사이 관계 : 간격과 규칙에 대한 연습으로 사회성이 길러짐.

▣ 사고(생각)를 더 길러내는 형태 : 자아를 강화하는데 중점

⊙ 실꼬기(매듭-가장 초보 단계) : 자아를 강하게 함.

⊙ 원 : 작업으로 내면세계 자아의 통찰을 이끌어 냄.

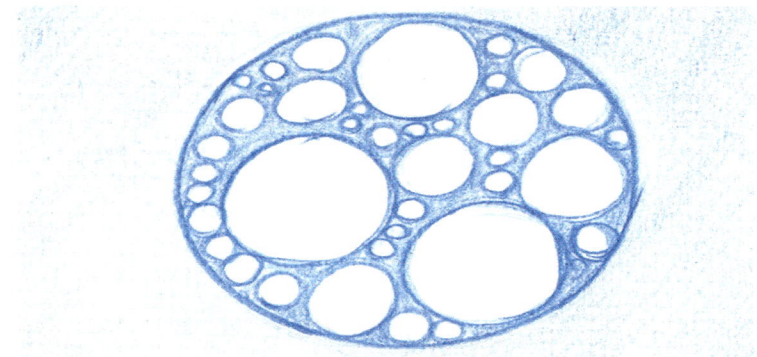

⊙ 대칭 : 관찰과 연습으로 상상력을 이끌어 냄.

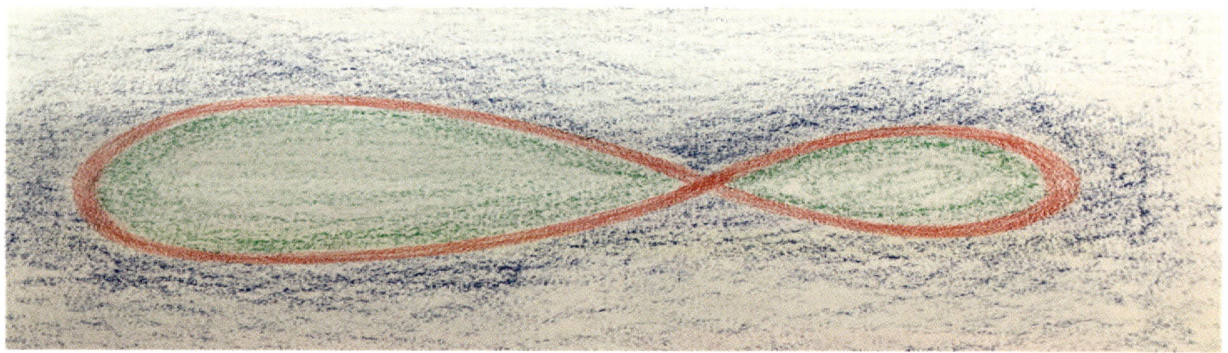

⊙ 성장을 나타내는 변형 : 유연성과 참신한 상상력을 이끌어 냄.

2. 모음과 자음에 관련이 많은 형태그리기
■ 시작

·입학 첫날 이 직선과 곡선 형태그리기 내용을 함으로써 아이들의 특성을 파악한다.
·첫날 수업 모습을 소개하면,

담임교사는 "선생님이 하는 것을 보세요"라고 말하면서 칠판으로 간다. 아주 천천히, 조심스럽게, 가능한한 최대로 천천히 직선을 그린다.[1] 너무 작지 않게, 꼭대기에서 바닥까지 그린다. (위에 그림). 아이들은 온몸으로 함께한다. 담임교사는 아이들이 왜 학교에 왔는지는 이미 말해주었고, 아이들은 담임교사의 이러한 행동이 자신들의 교육 속에서 배워 온 많은 것들 가운데 처음으로 굉장하다는 것을 느낄 것이다. 선이 다 그려졌을 때, 담임교사는 아이들에게 돌아선 뒤 말한다. "이제 너희 손으로 선생님처럼 해 보렴." 그러면 아이들은 각자 여러 가지 방법으로 천천히 이 선을 그려나갈 것이다. 아이들은 일어나서 보고 자신들의 몸이 직선으로 이루어졌다는 것을 느낄 것이다. 아이들은 아주 천천히 공기 가운데 자신들의 손가락과 코, 턱, 눈으로 선을 그릴 것이다. 또한 아이들은 교실 바닥에 발로 그릴 수도 있다. 아이들은 발가락, 발꿈치로 선을 그리며 걸을 수도 있다.

---

[1] 교사가 형태그리기 시범을 보일 때 온 힘을 다해 천천히 그린다. 아이들이 그리는 방법은
① 종이에 그리기 전에 느낌이 들고 허공에 그려본다.
② 손으로 3~4번 종이 위에 그려 본다. (충분한 연습은 아이들의 두려움과 긴장을 완화한다.)
③ 사각 크레파스로 종이 위에 여러 번 겹쳐 그린다. ④ 형태를 그린 느낌을 서로 이야기 나눈다.

- 수직선 [2]

---
[2] 맨 먼저 수직과 수평에서부터 시작한다. 이후 내용은 담임교사가 아이들 특성에 따라 소개해 놓은 자료들을 골라서 해본다. 예를들어 다혈질 성향이 많이 있으면 이것과 관련된 내용을 중심으로 한다.

뜻	하늘을 향한 영혼을 뜻함. 이것은 안정선과 건강. 우리 사람들을 나타내기도 함. 또한 힘을 표현함. 한글에서 천지인을 떠올리면 됨.
방법	1) 위에서 아래로 시작한다. 2) 아래에서 위로 그린다. 3) 오른손과 왼손을 번갈아 가면서 그린다. (왼손을 중심으로 쓰는 아이가 있다면 왼손부터 먼저 쓰게 한다) 4) 한 번만 그리기보다는 여러 번 과정을 되풀이하면 자연스럽게 굵게 그려진다. 5) 횟수는 1학년 아이들 경우 나이 8살이므로 다 같이 여덟 번 그려보는 방법으로 접근한다. 다른 것도 이런 방법으로 하면 아이들도 자연스레 따라 한다. 6) 주의할 점은 아이들이 바로 도화지나, 그림장에 바로 그리기보다는 손가락이나, 발, 몸으로 여러 동작을 해 보고 나서 마지막으로 그리게 한다. 그러다 보면 이것 하나를 하는데도 대략 10~15분 정도 걸린다. ※뒷장에 소개하는 여러 가지 형태들도 1)→2)과정과 비슷하게 진행한다.

⊙ 수직선을 이용한 여러 가지 형태 연습

■ 한 칸씩 긋기

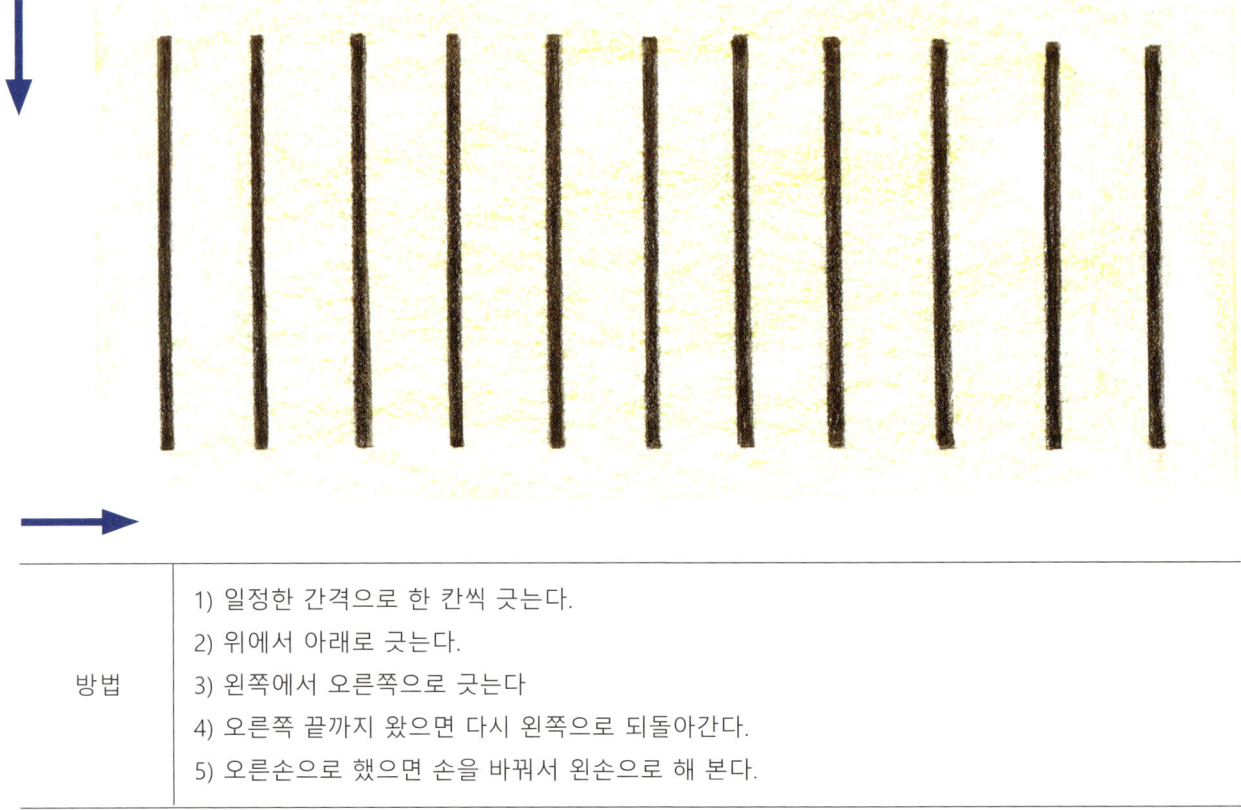

방법	1) 일정한 간격으로 한 칸씩 긋는다. 2) 위에서 아래로 긋는다. 3) 왼쪽에서 오른쪽으로 긋는다 4) 오른쪽 끝까지 왔으면 다시 왼쪽으로 되돌아간다. 5) 오른손으로 했으면 손을 바꿔서 왼손으로 해 본다.

◼ 두 칸씩 긋기

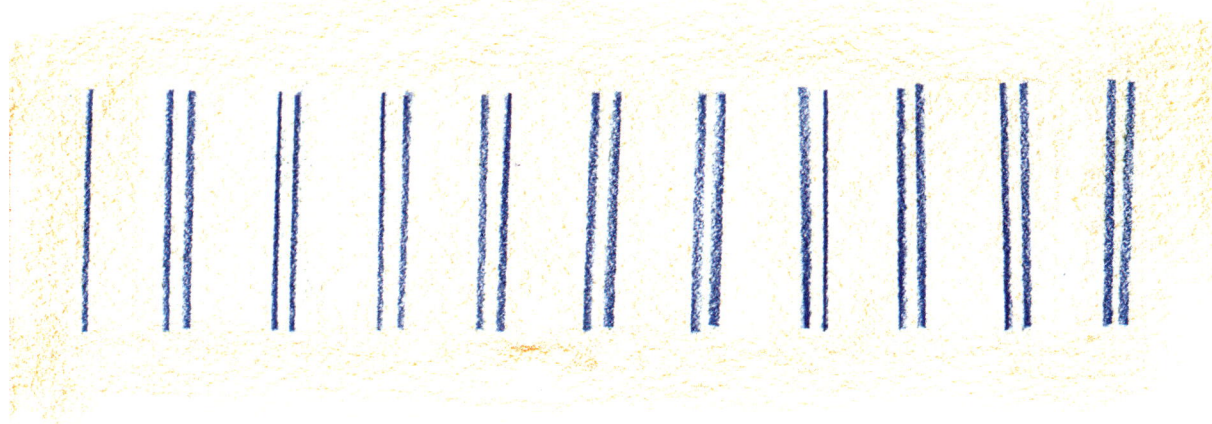

◼ 세 칸씩 긋기

◼ 두 칸씩 묶어서 긋기

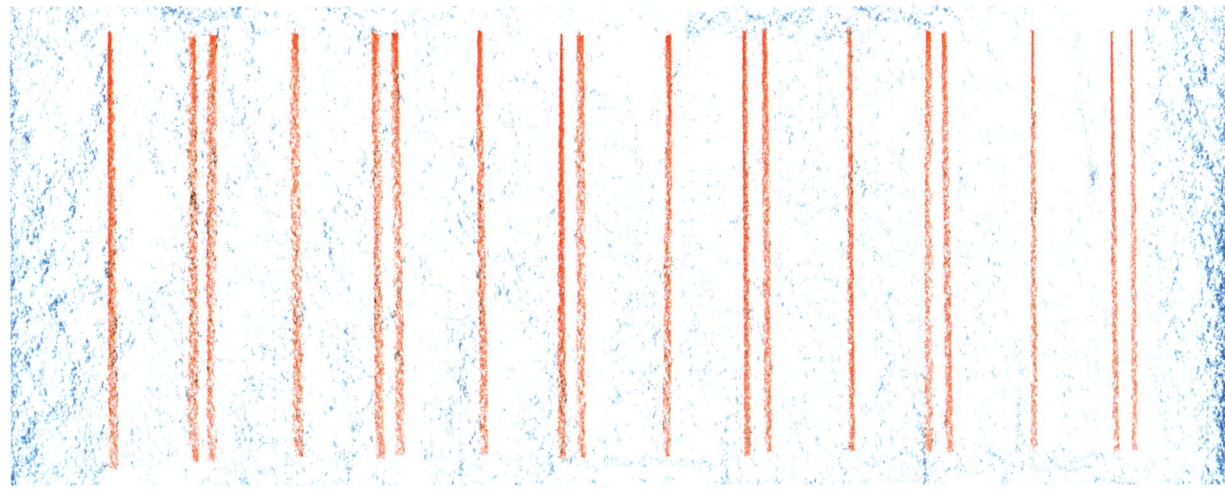

◩ 세 칸씩 묶어서 긋기

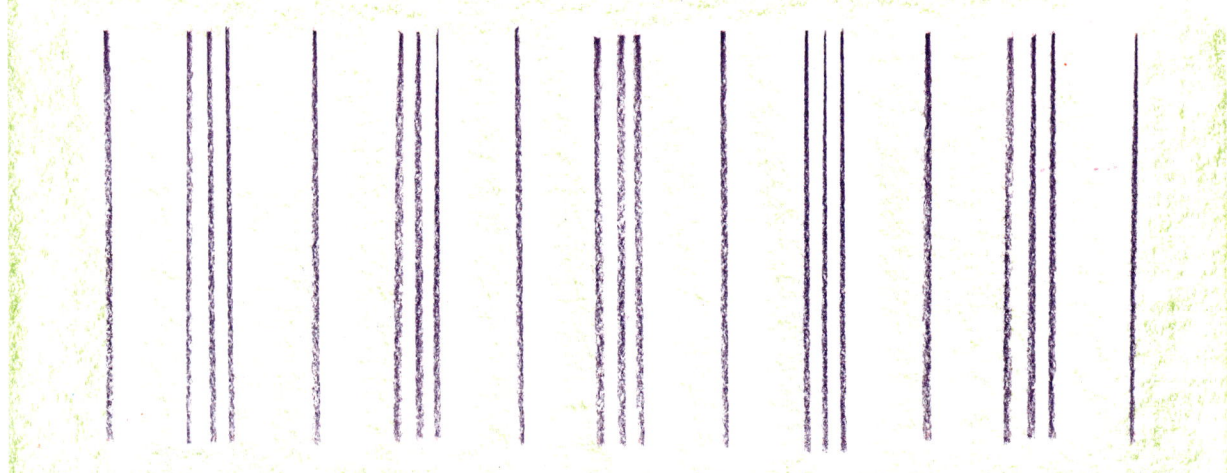

◩ 한 칸씩 늘리면서 긋기

◩ 길게 짧게 긋기

◼ 길게 짧게 여러 번 긋기

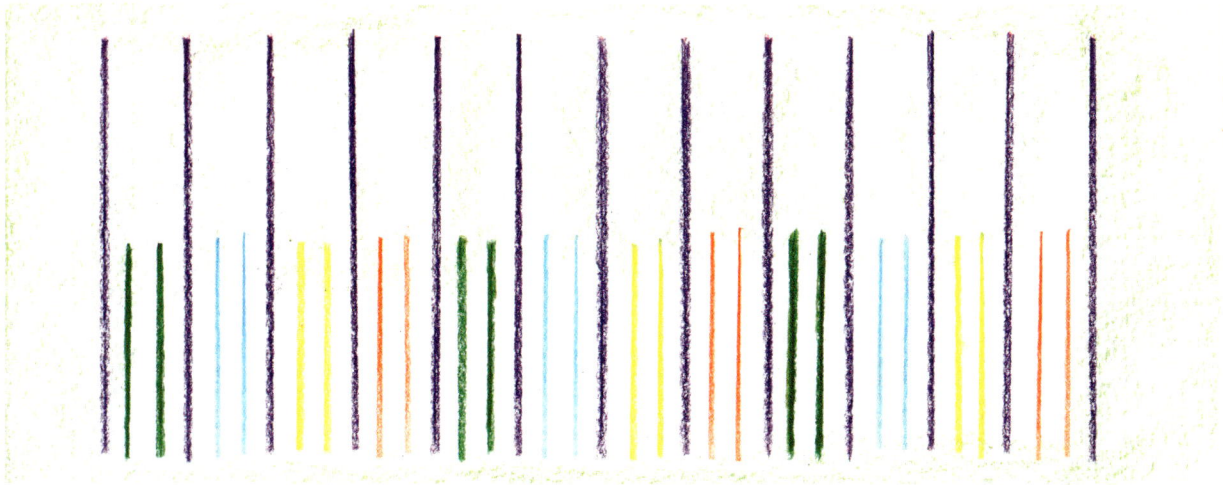

◼ 가운데 줄어들게 긋기

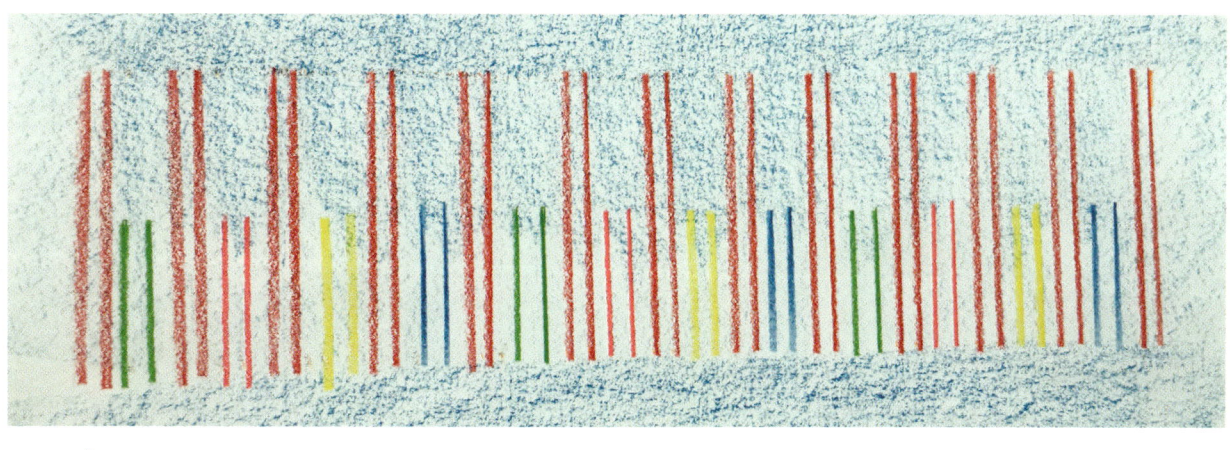

◼ 위아래 짧게 여러 번 긋기

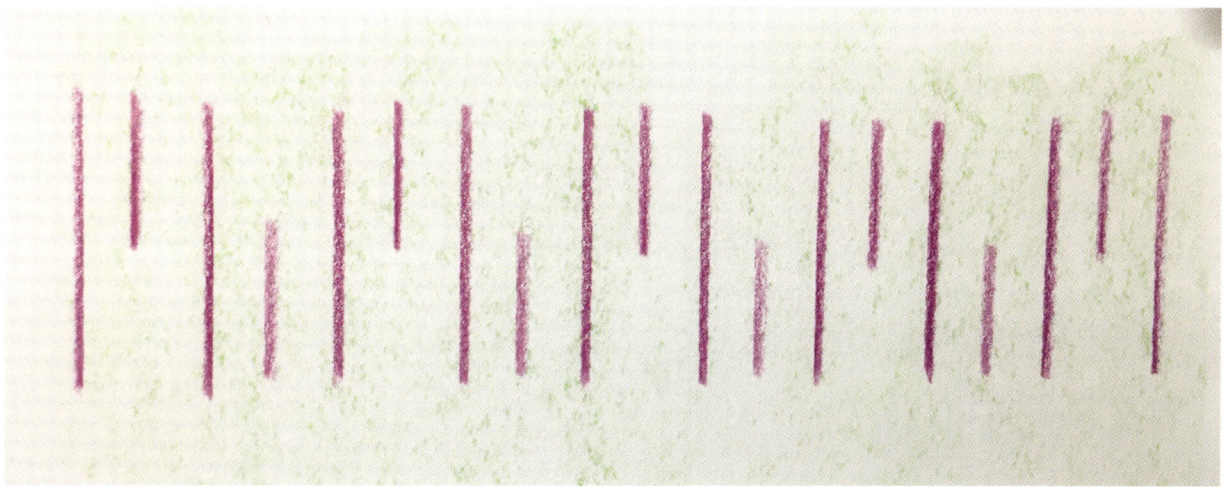

◼ 위아래 짧게 여러 번 긋기   ◼ 가운데 줄어들게 긋기

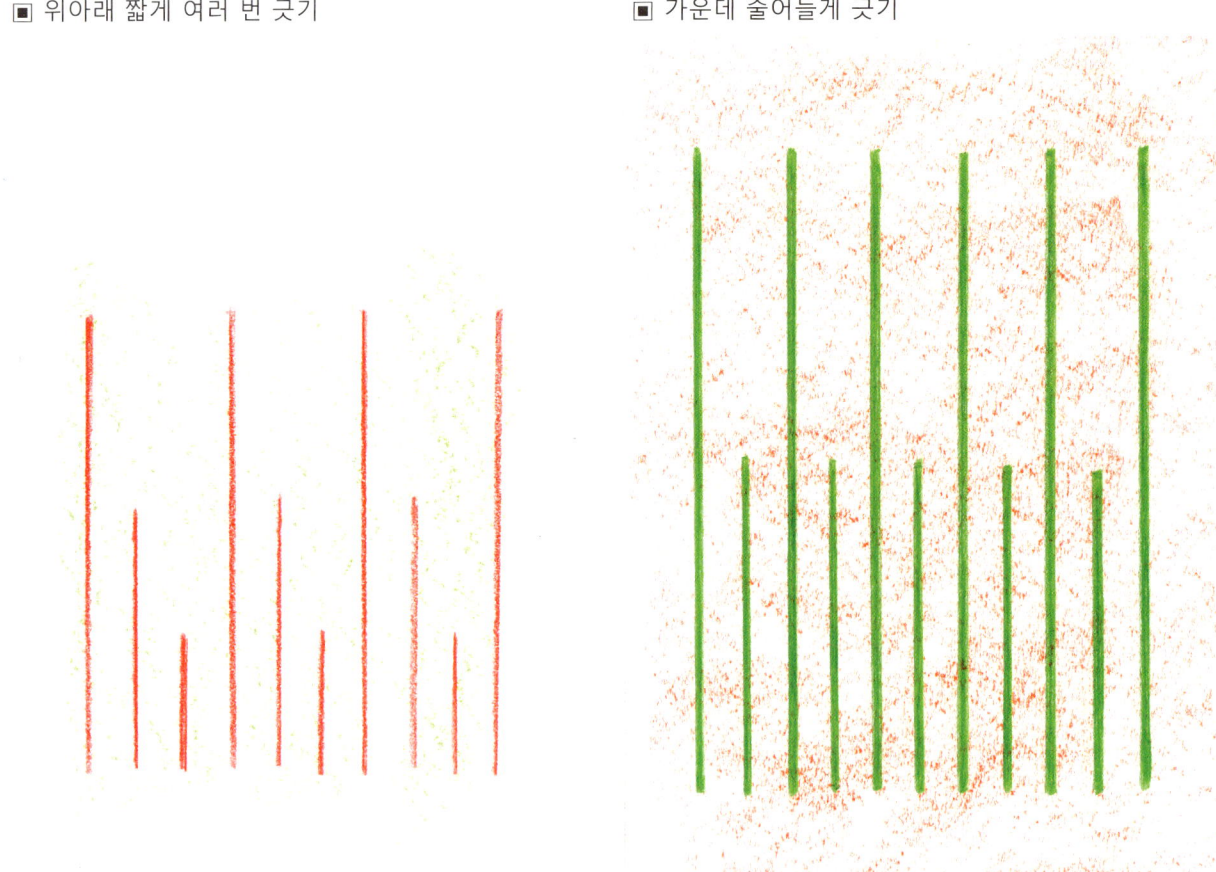

◼ 위아래 점점 짧게 여러 번 긋기

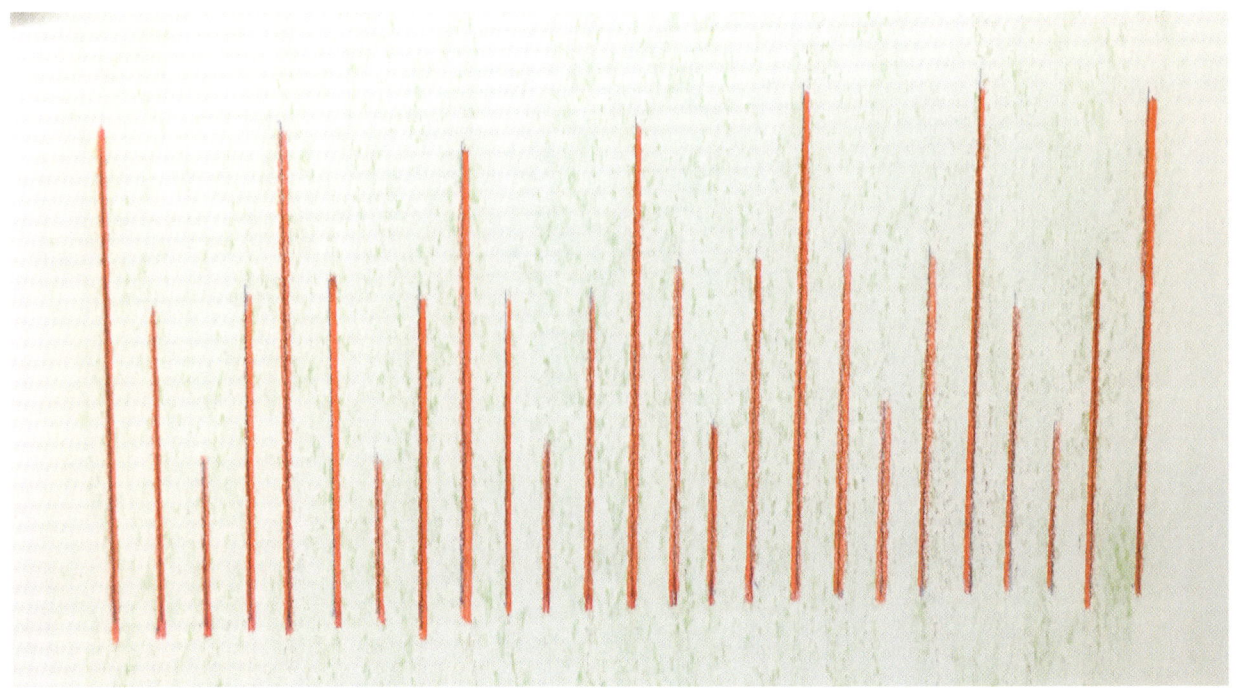

◼ 끊어 가면서 여러 번 긋기

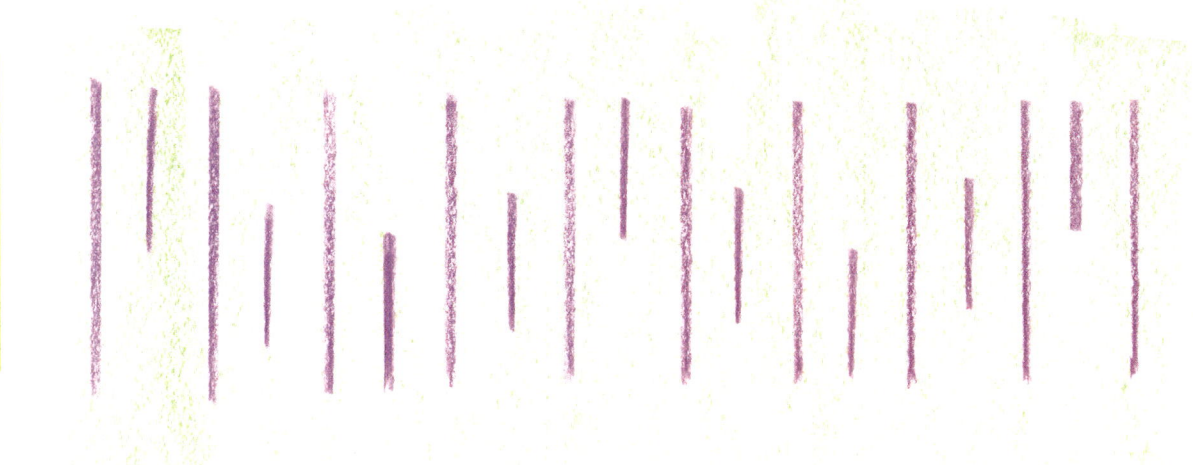

◼ 줄어들게 여러 번 긋기

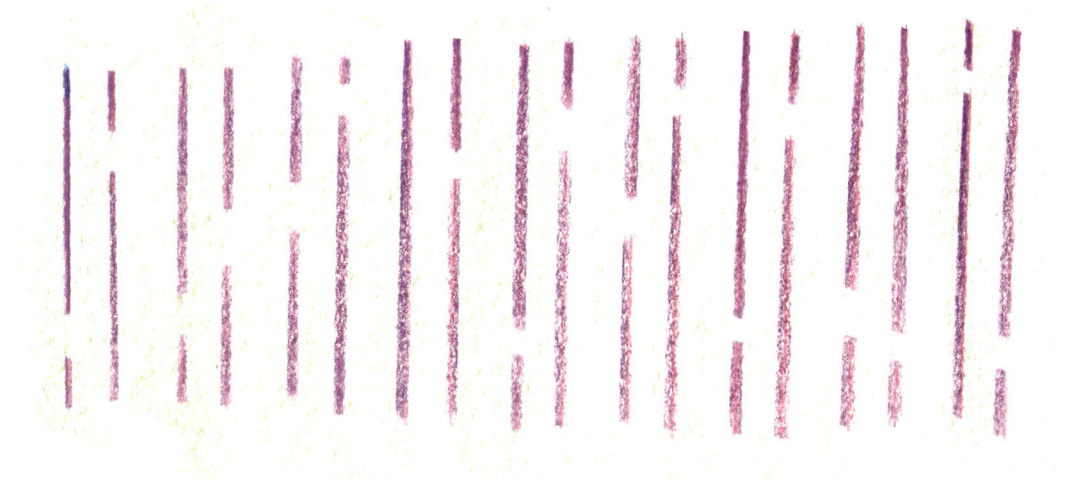

◼ 오른쪽으로 줄어들거나 길어지는 것 여러 번 긋기

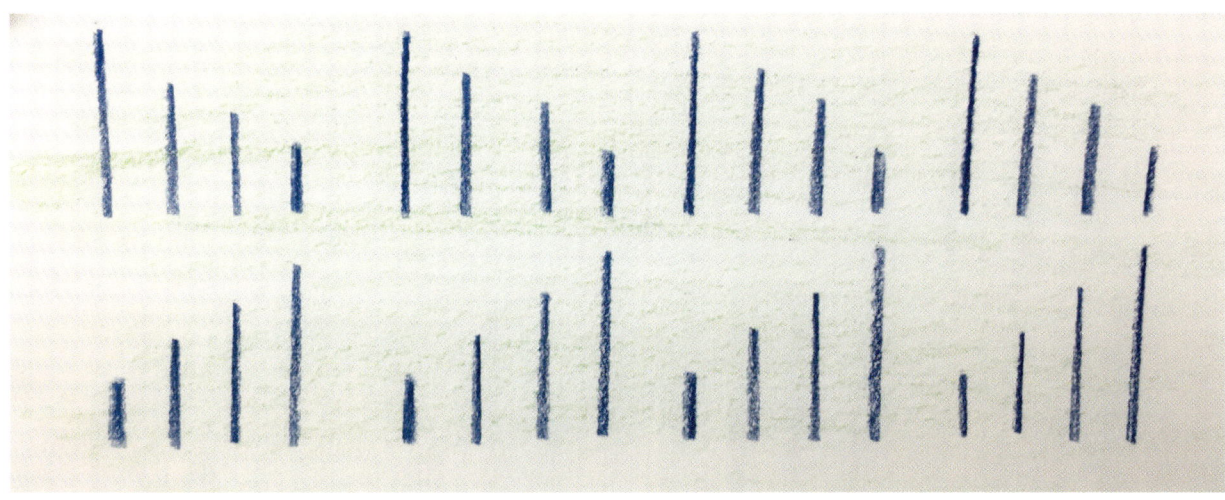

◼ 중간 끊기는 여러 번 긋기

◼ 왼쪽에서 오른쪽으로 점점 줄어들게 긋기

◼ 왼쪽에서 오른쪽으로 줄어들었다가 다시 늘어나게 긋기

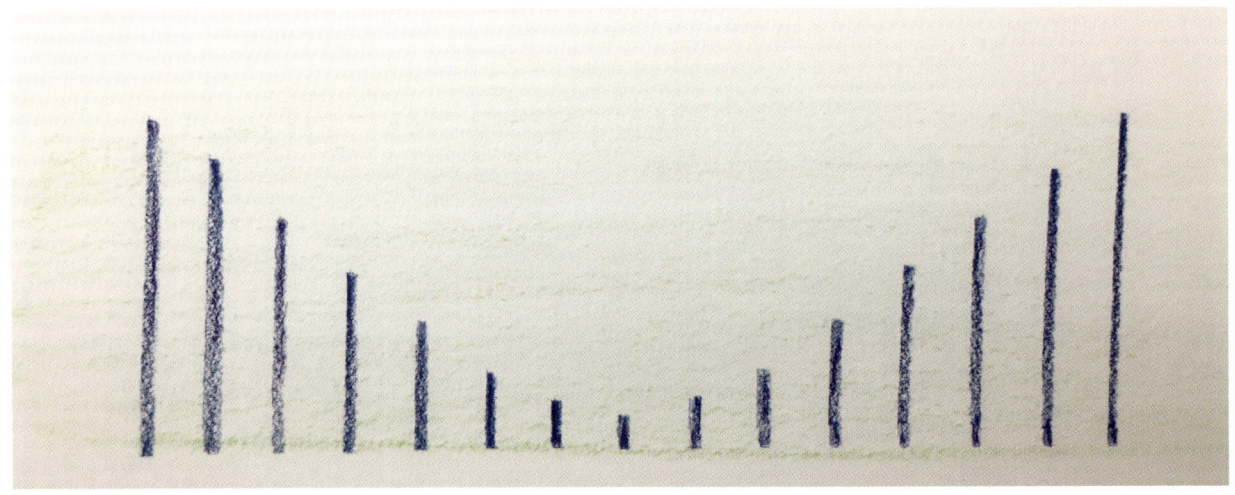

■ 한 칸씩 길어졌다가 줄이면서 긋기   ■ 엇갈려서 한 칸씩 길고 짧게 긋기

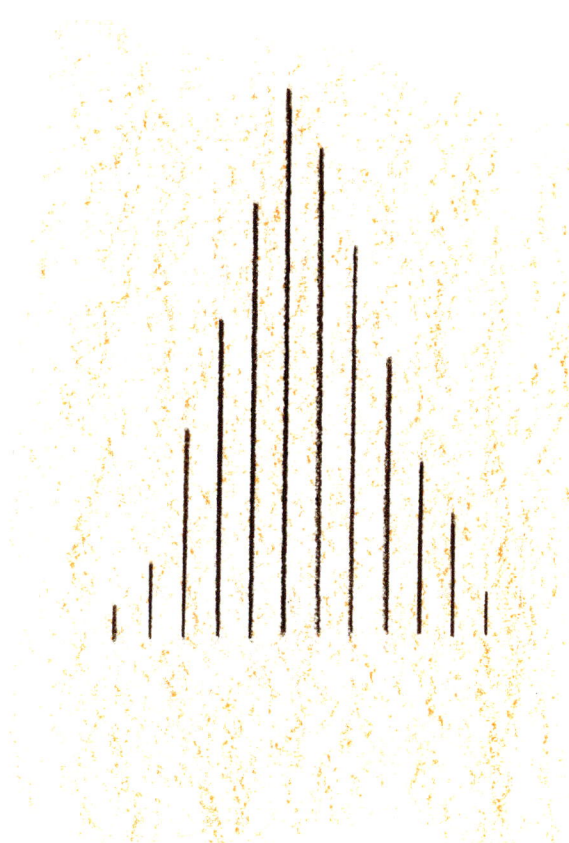 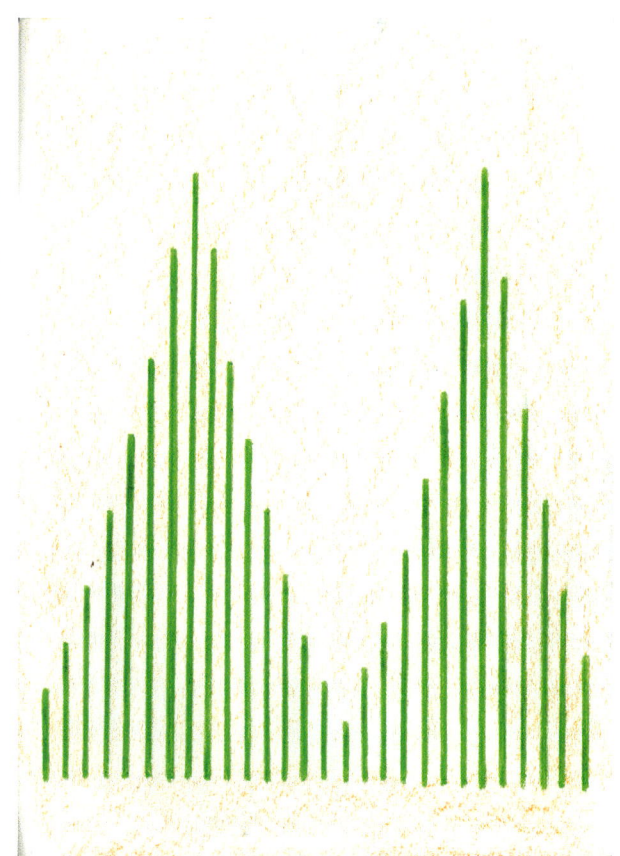

■ 줄어들거나 늘어나는 규칙 연습하기

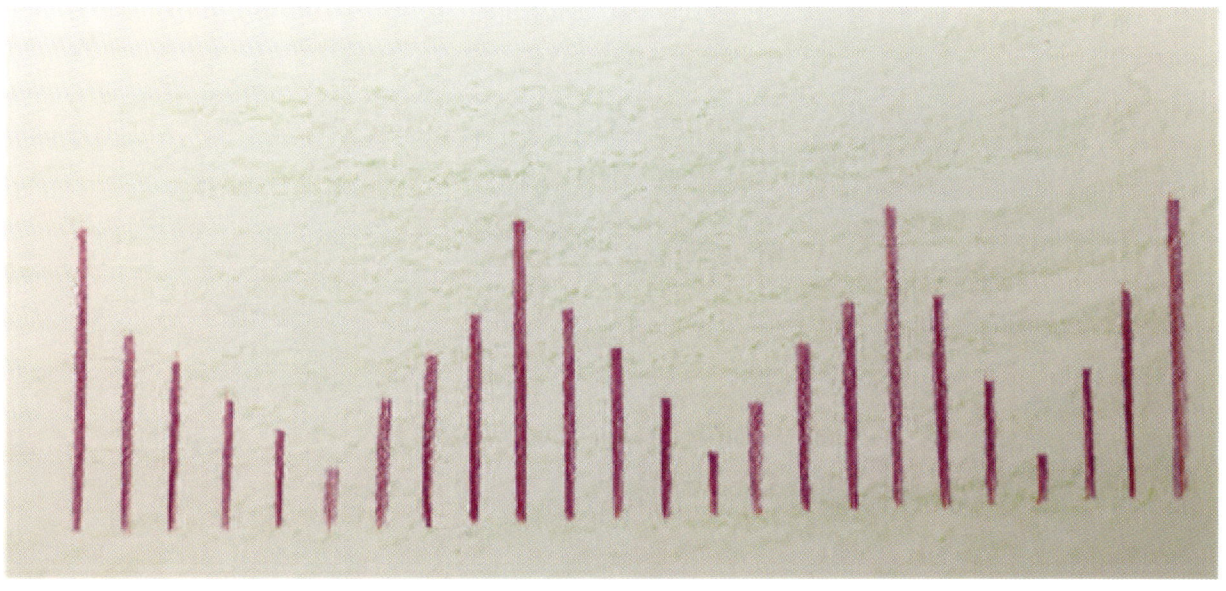

■ 가운데서 늘어나고 줄어들게 긋기

■ 가운데서 줄어들고 늘어나게 긋기

◼ 위아래 늘어나고 줄어들고

◼ 가운데로 줄어들었다가 늘어나기

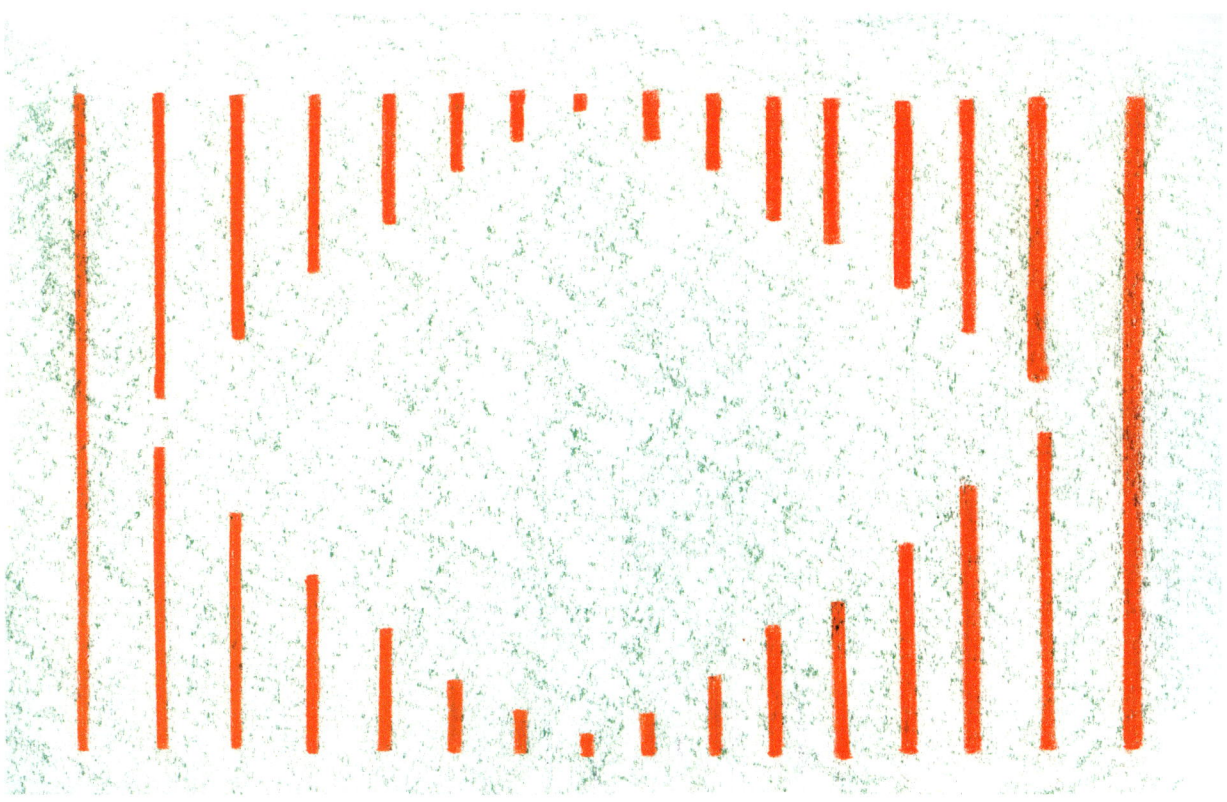

■ 위아래 줄어들었다가 늘어나게 긋기

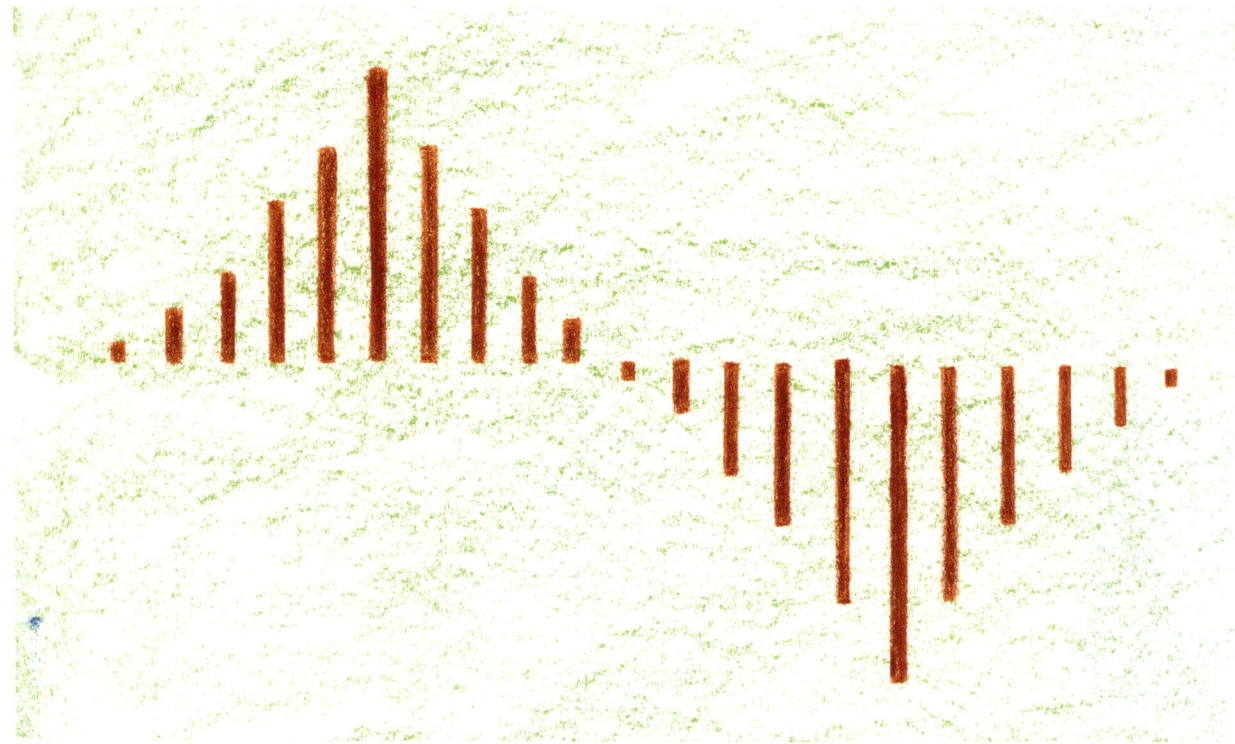

---
3) 아이들 작품

⊙ 수평선

■ 수평선 긋기

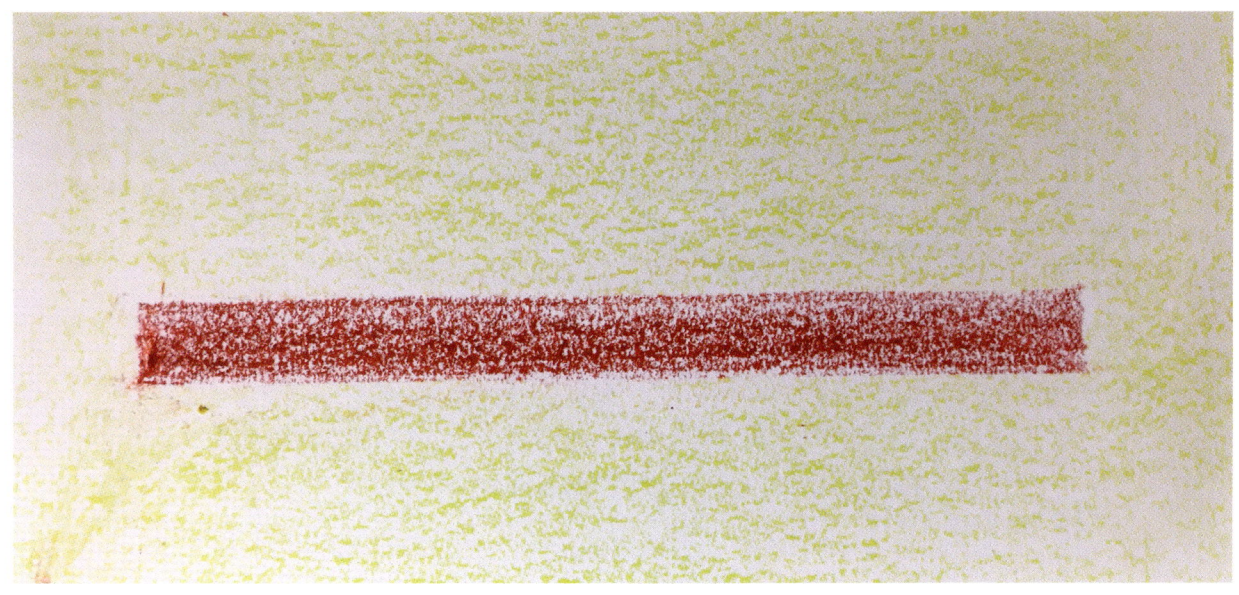

뜻	수직과 반대 뜻으로 '땅'을 표현함
방법	1) 왼쪽에서 오른쪽으로 시작한다.
	2) 오른손과 왼손을 번갈아 가면서 그린다.
	3) 한 번만 그리기보다는 여러 번 과정을 되풀이하면 자연스럽게 굵게 그려진다.
	4) 과 5)은 앞에 5)과 6)과 같음.

■ 여러 번 긋기

◾ 길이를 다르게 여러 번 긋기

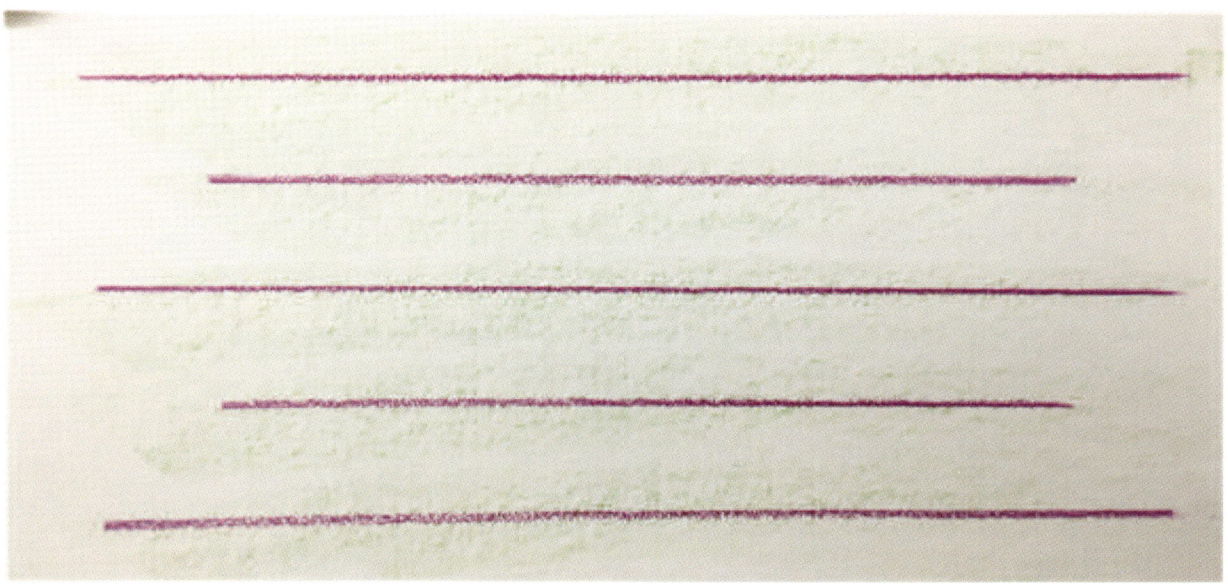

◾ 아래로 늘어나게 긋기

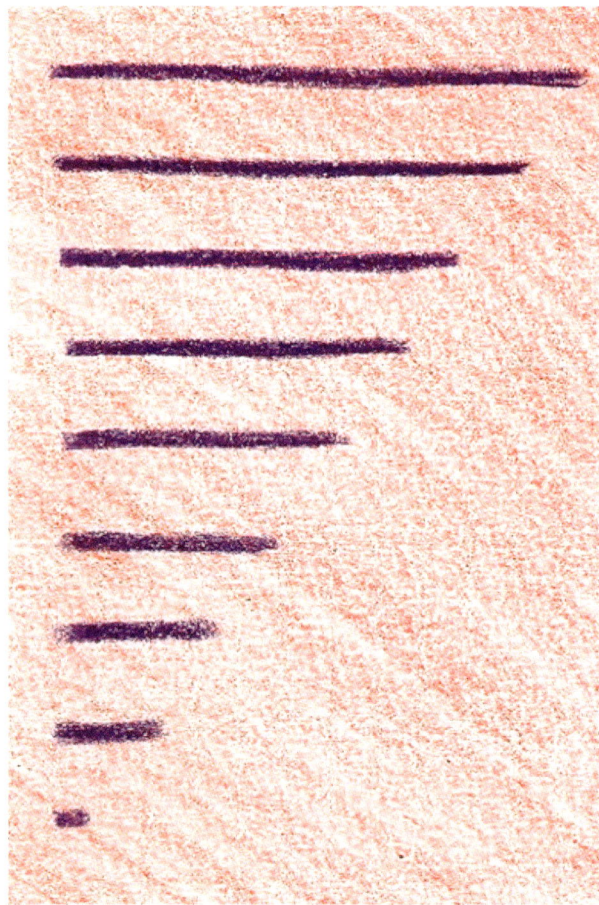

◾ 아래로 줄어들게 긋기

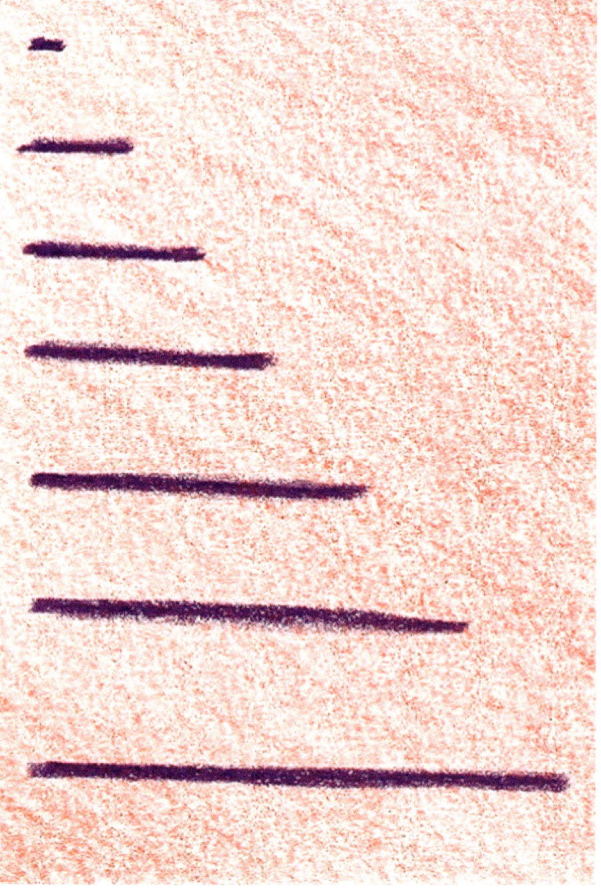

◩ 이어서 줄어나가고 늘어나기

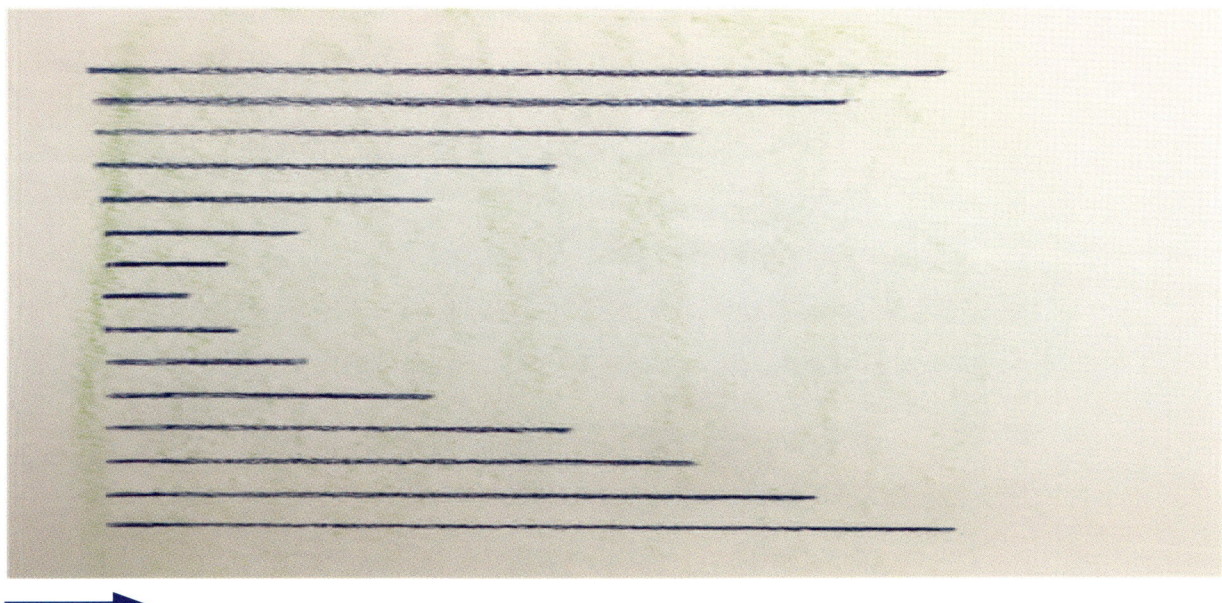

◩ 가운데서 아래로 늘어나고 줄어들게 긋기

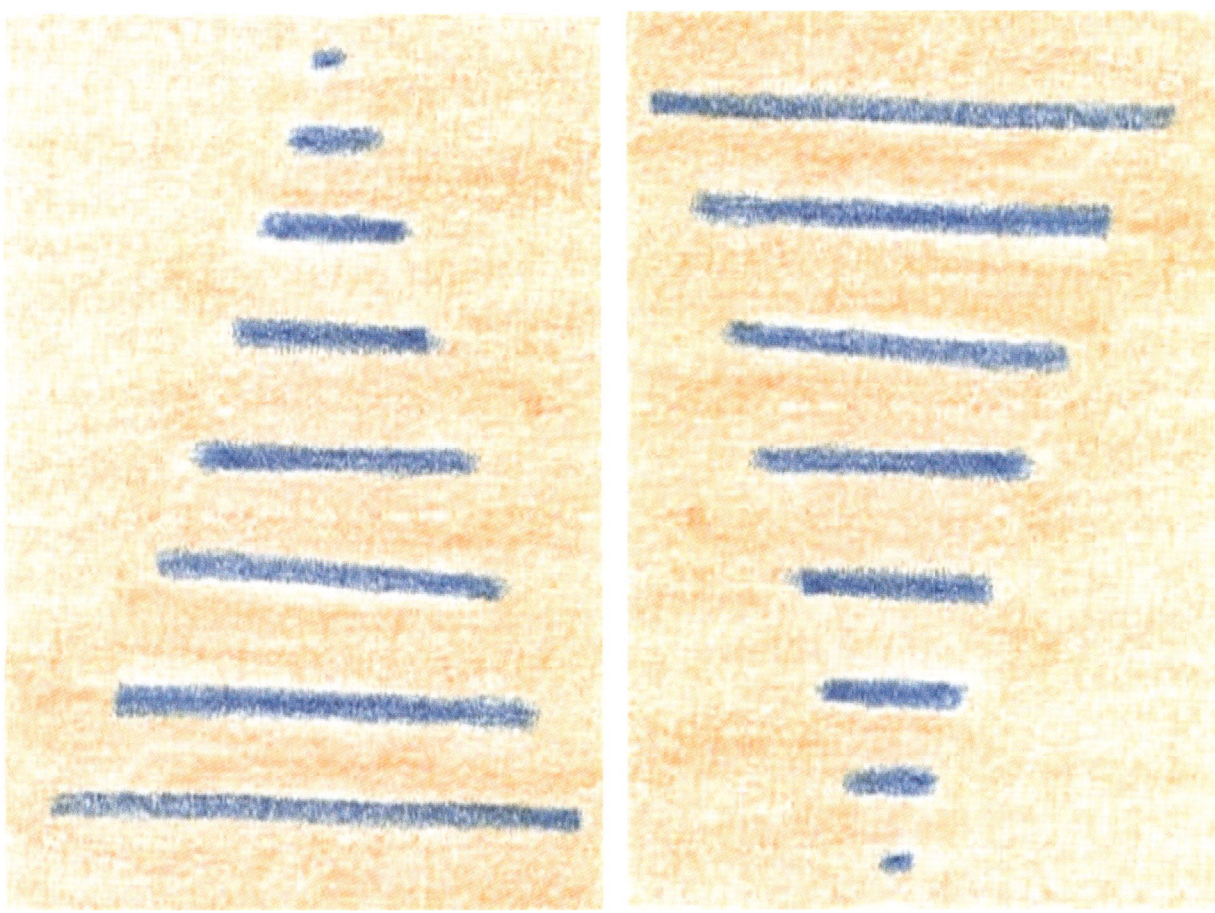

◼ 가운데서 아래로 늘어나고 줄어들게 긋기

→

◨ 왼쪽과 오른쪽을 마주 보면서 아래로 늘어나게 긋기

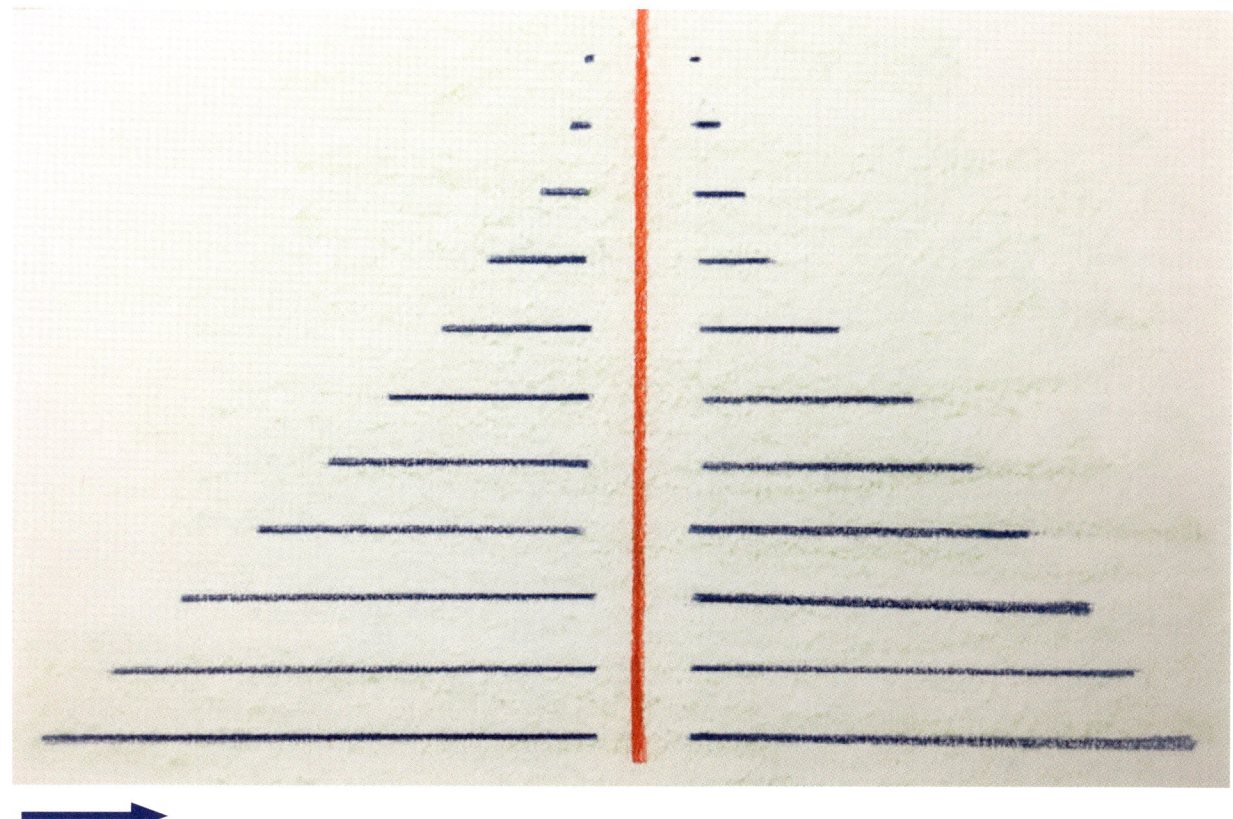

→

◨ 수직선을 중심으로 여러 가지 수평선 긋기

◨ 아래를 길게 긋기

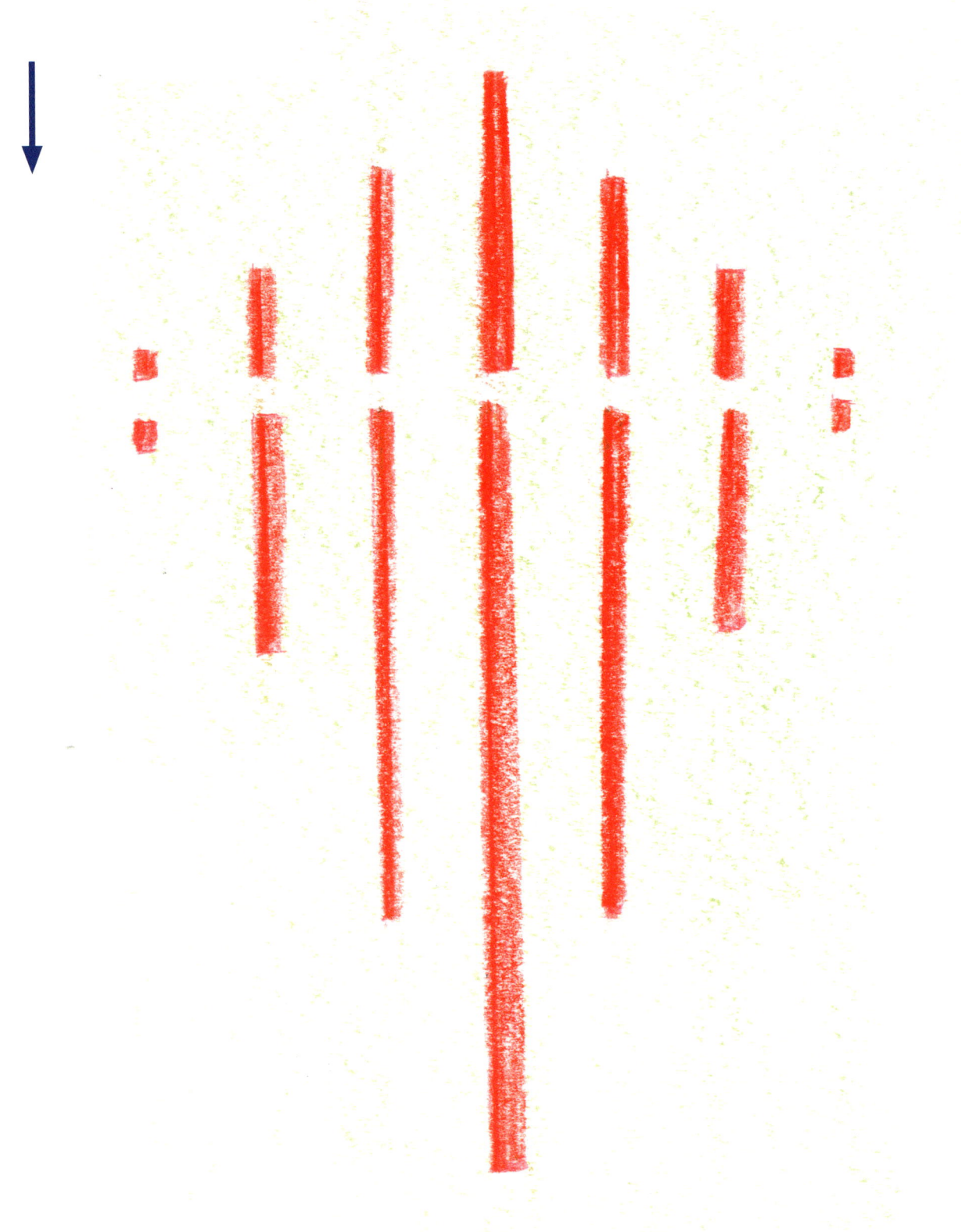

⊙ 대각선 연습
　▣ 대각선-1

뜻	발전, 진보, 수직선이나 수평선에서 느낄 수 있는 안정감, 휴식, 확실성 따위는 빠져 있음.
방법	·오른쪽 위에서 왼쪽 아래로 시작한다. ·오른손과 왼손을 번갈아 가면서 그린다. ·한 번만 그리기보다는 여러 번 과정을 되풀이한다. ※ 나머지 내용을 앞에서 소개한 것과 같음

◼ 한 칸씩 긋기

◼ 두 개씩 긋기

◨ 두 개씩 긋기

◨ 두 개 한 개 여러 번 긋기

◨ 두 개씩 긋기

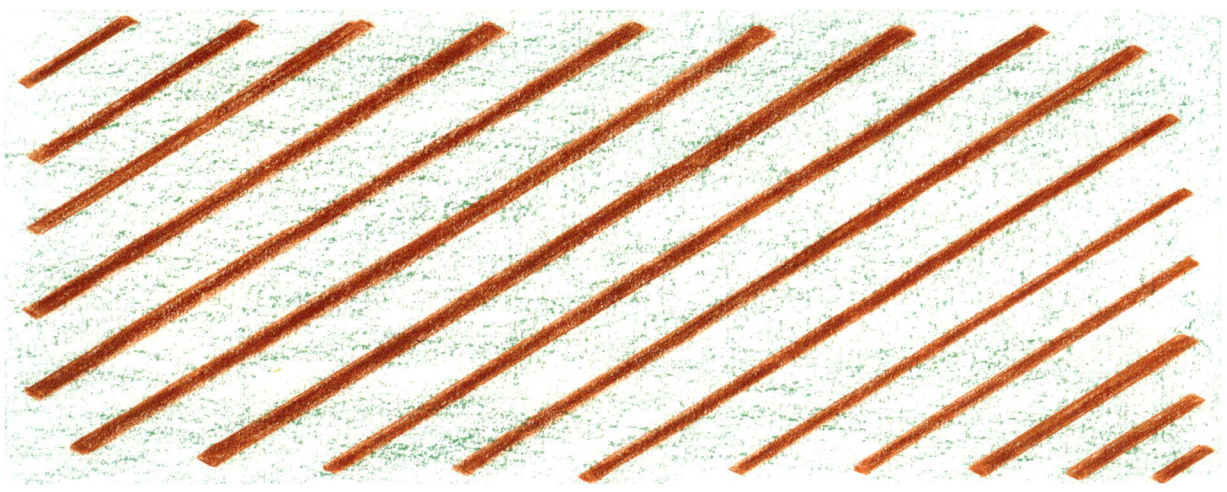

■ 줄어들기 여러 번 긋기

■ 대각선-2

※앞에서 소개한 것과 같은 방법으로 한다.

■ 수직선과 수평선, 대각선을 같이 긋기

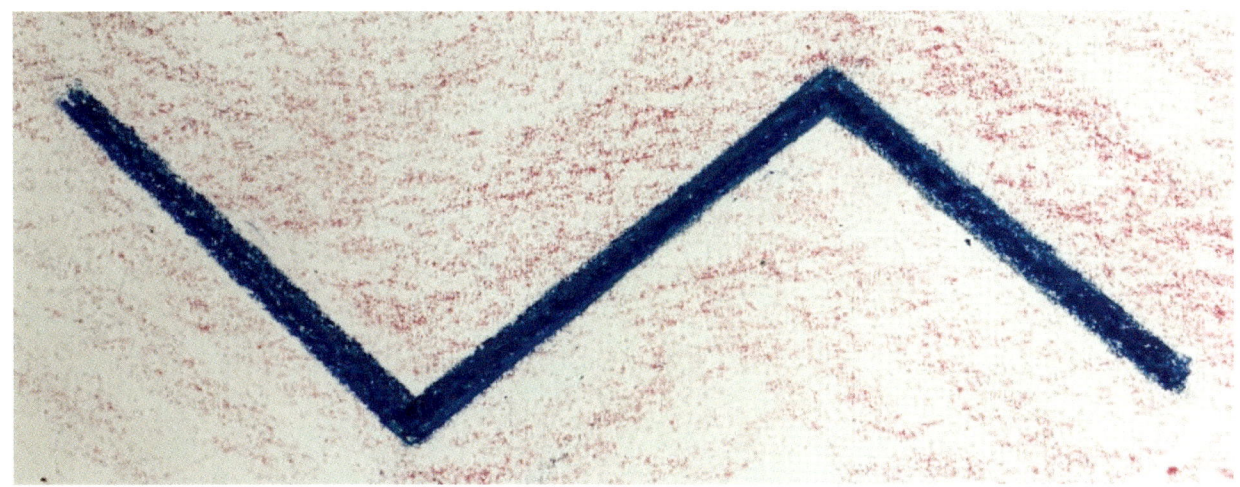

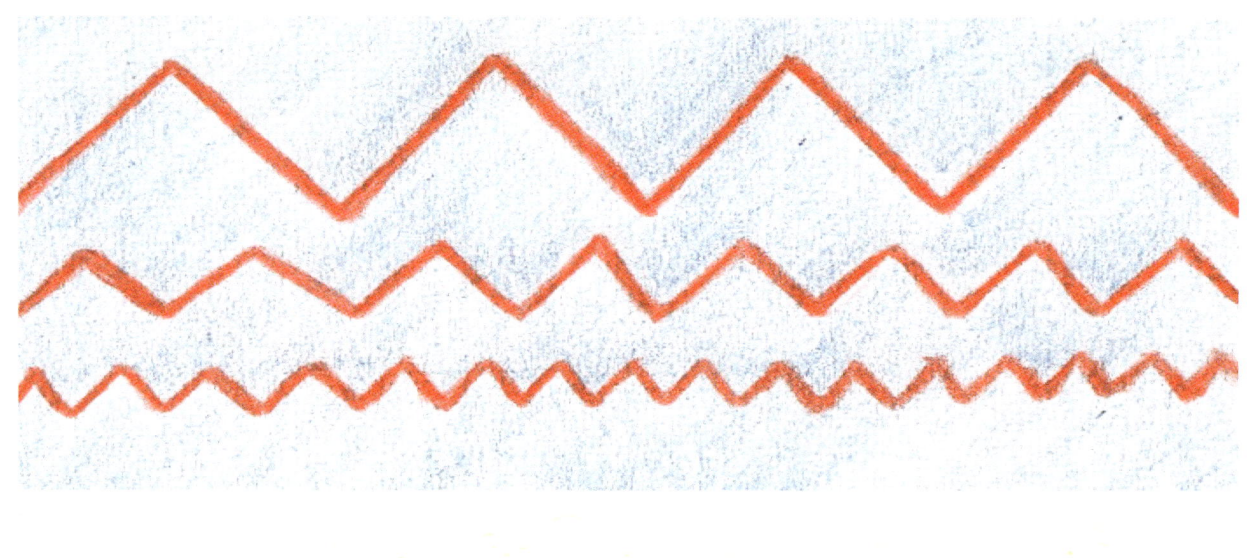

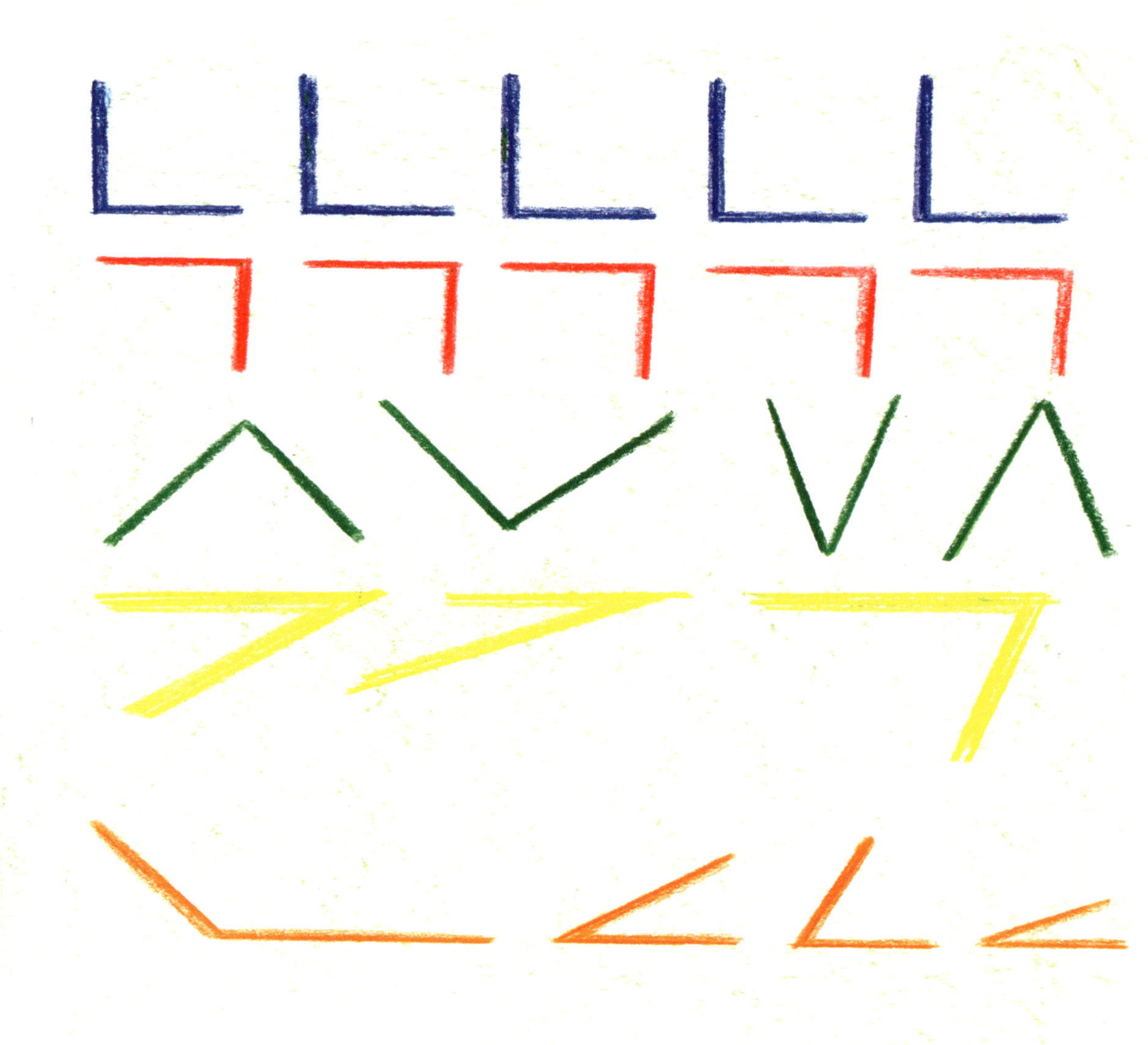

■ 작은 수평선, 수직선. 대각선 긋기

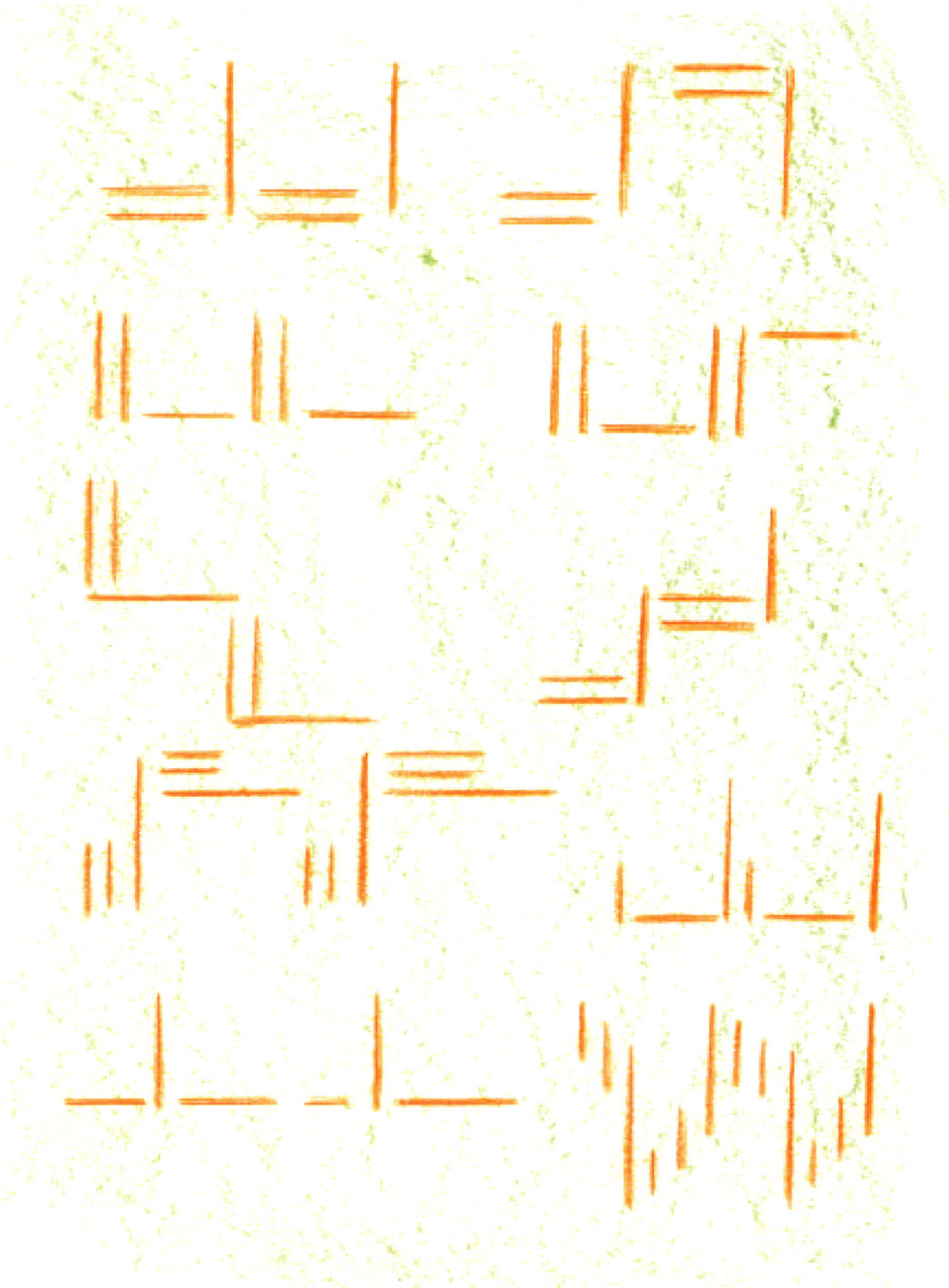

형태그리기(Formenzeichnen) | 63

■ 작은 수평선, 수직선. 대각선 긋기

형태그리기(Formenzeichnen) | 65

형태그리기(Formenzeichnen) | 67

형태그리기(Formenzeichnen) | 69

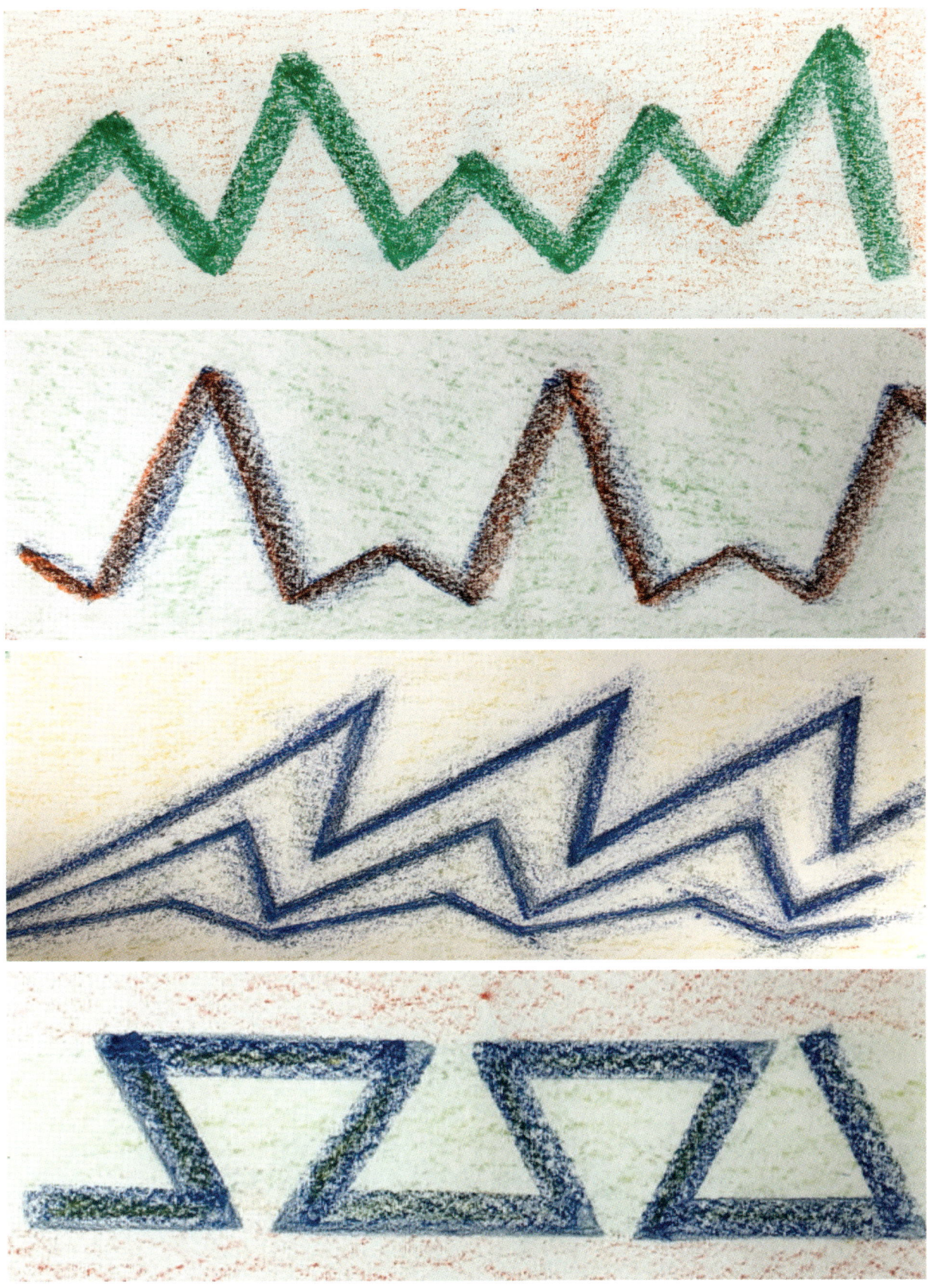

⊙ 십자 모양

뜻	수직선과 수평선, 하늘과 땅, 빛과 어둠 따위가 조화를 이룸.
방법	·수직선을 먼저 그리고나서 수평선을 그린다. ·오른손과 왼손을 번갈아 가면서 그린다. ·한 번만 그리기보다는 여러 번 과정을 되풀이한다. ※ 나머지 내용을 앞에서 소개한 것과 같음

⊙ 나선형
▣ 안에서 바깥으로

뜻	모든 생물이 하나의 점에서부터 성장한다는 것을 뜻함.
방법	· 가운데부터 그려서 바깥으로 나온다. · 오른손과 왼손을 번갈아 가면서 그린다. · 한 번만 그리기보다는 여러 번 과정을 되풀이한다. ※ 나머지 내용을 앞에서 소개한 것과 같음

1) 아이들이 실제 표현활동을 해 보는 것도 좋다. 사진은 우크라이나 발도르프학교 1학년 교실.

⊙ 바깥에서 안쪽으로

⊙ 원

뜻	시작과 끝이 없는 폐곡선으로 이루어져 무한. 영원, 완전함, 태양, 공동체 따위를 뜻함.
방법	· 시작하는 지점은 아무 곳에서 함. 1학년 수준이기 때문에 완벽한 원을 기대가 힘들다. 여러 번 그려보면서 원에 대한 느낌을 느끼는 데 중점을 둔다. · 될 수 있으면 아주 천천히 그린다. , · 오른손과 왼손을 번갈아 가면서 그린다. · 한 번만 그리기보다는 여러 번 과정을 되풀이한다. ※ 나머지 내용을 앞에서 소개한 것과 같음

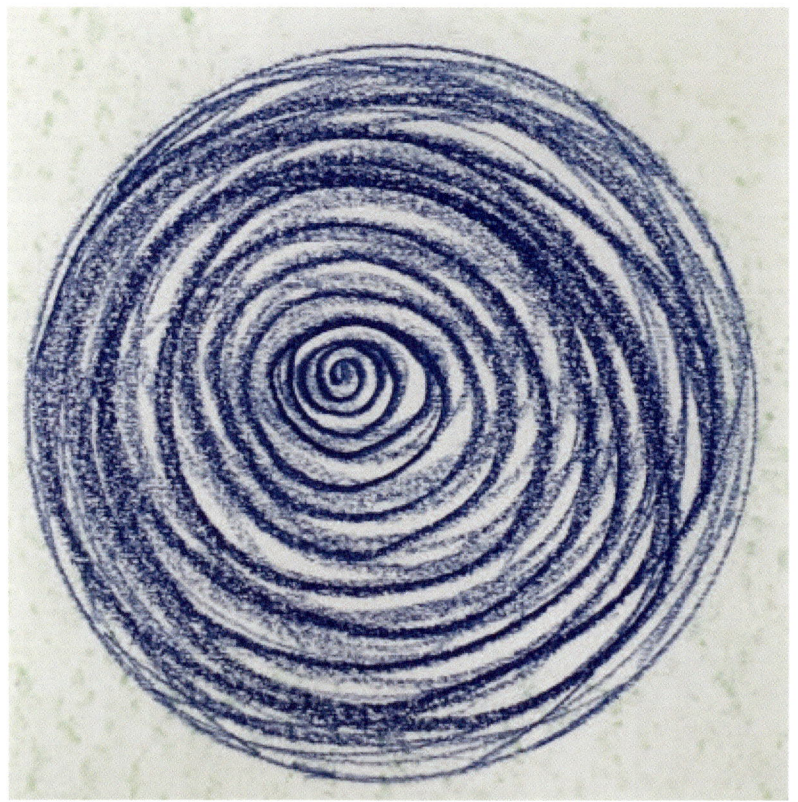

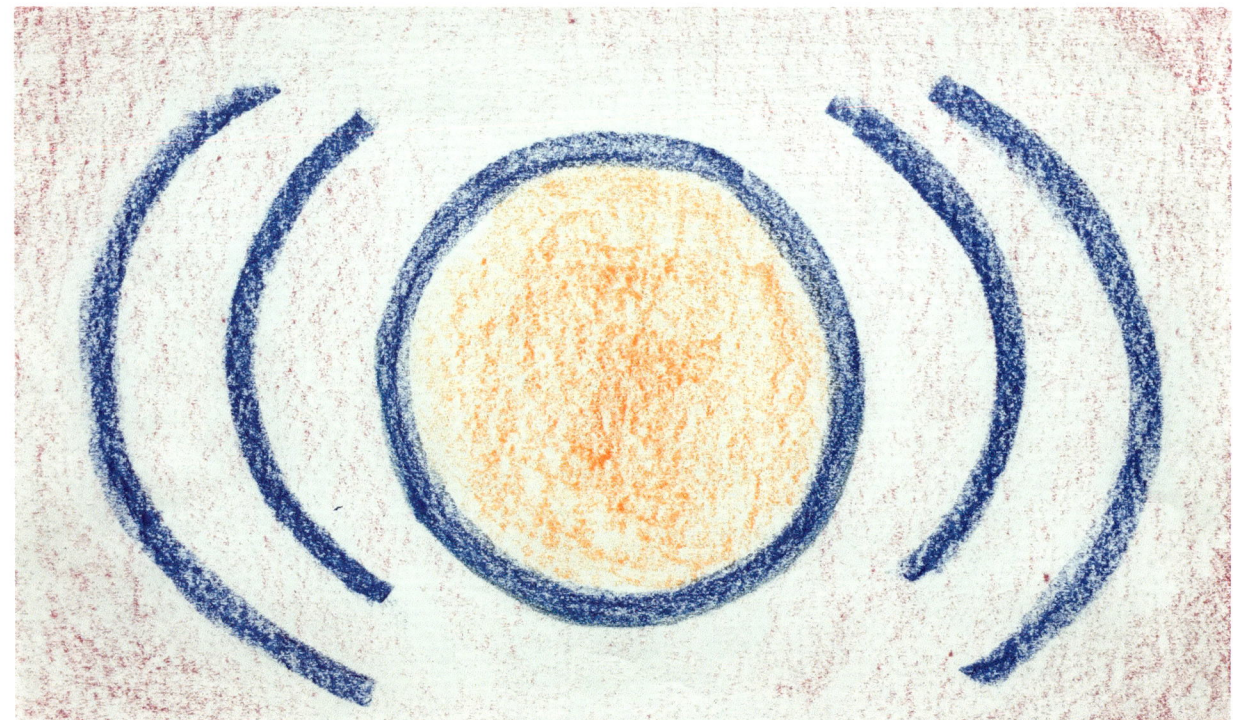

2) 안쪽에서 바깥쪽으로 그려 나온다. 1학년 아이들 경우 완전한 원을 기대하기가 힘들다. 여기서는 연습이라는 것에 중점을 둔다.

■ 칠판그림으로 그린 여러 가지 원

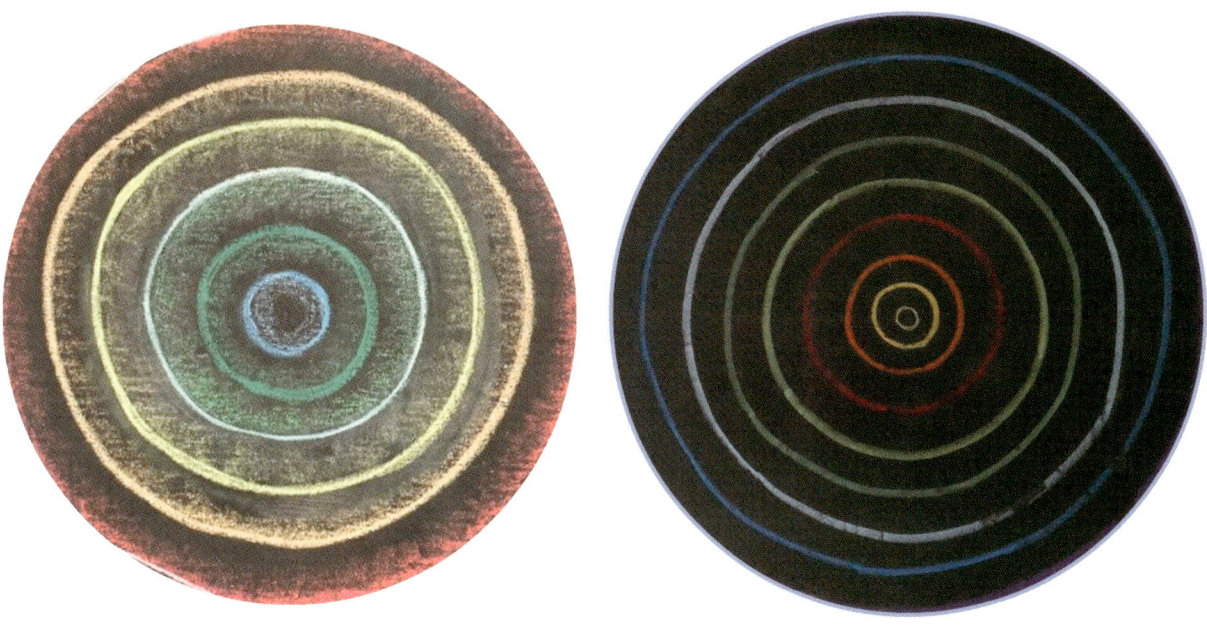

3) 가운데 작은 원부터 그려보거나, 바깥쪽 큰 원부터 그린다.

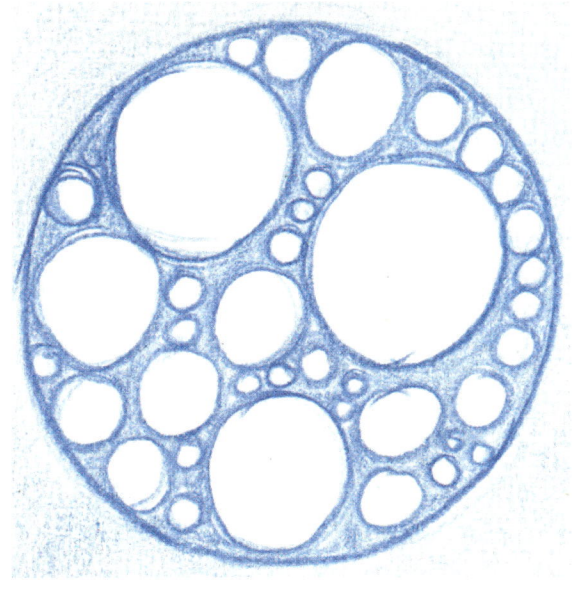

⊙ 아이들 작업

---
4) 아이들이 크레용으로 아름답게 색칠을 한다.

⊙ 아이들 활동[5]

⊙ 원과 직선

5) 창원 배유진 선생님 1학년 교실 모습

◉ **역동성이 있는 모양들** [6]

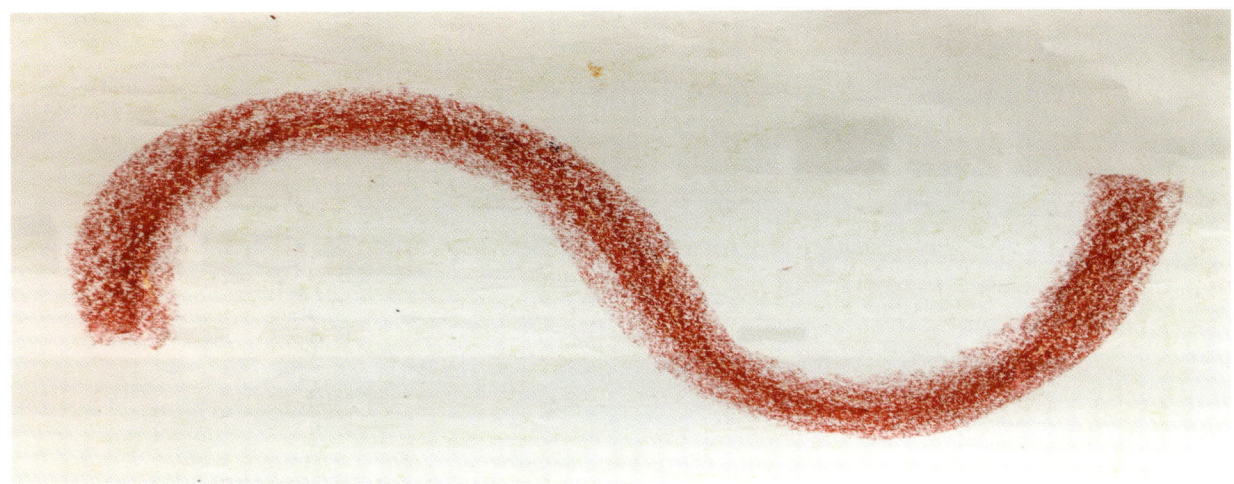

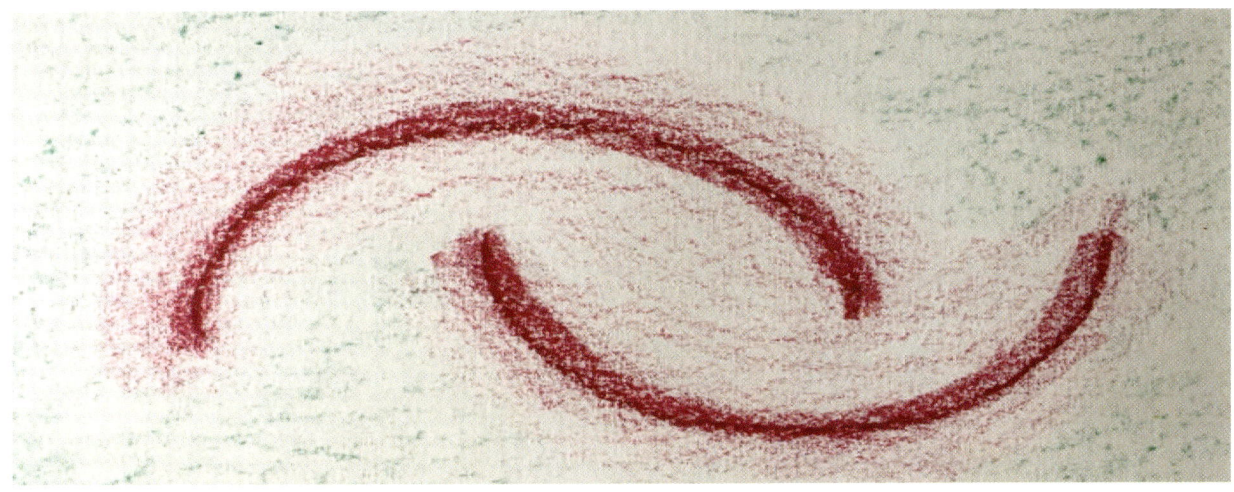

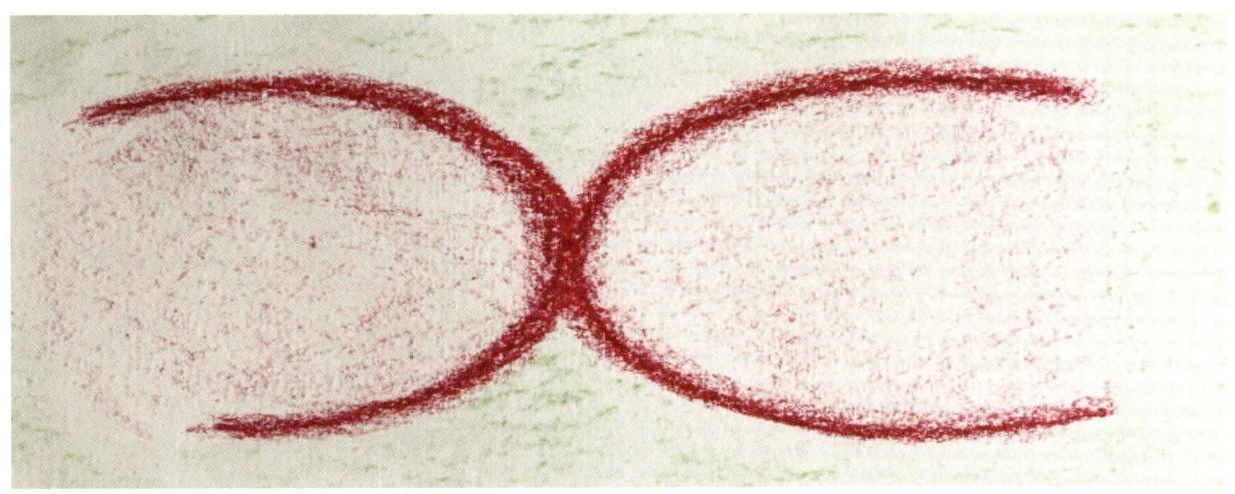

---
6) 이 작업에서는 직선과 수평, 대각선에 비해서 적절한 긴장감이 있다. 이 작업을 충분히 하고 나서 원 작업을 하면 좋다.

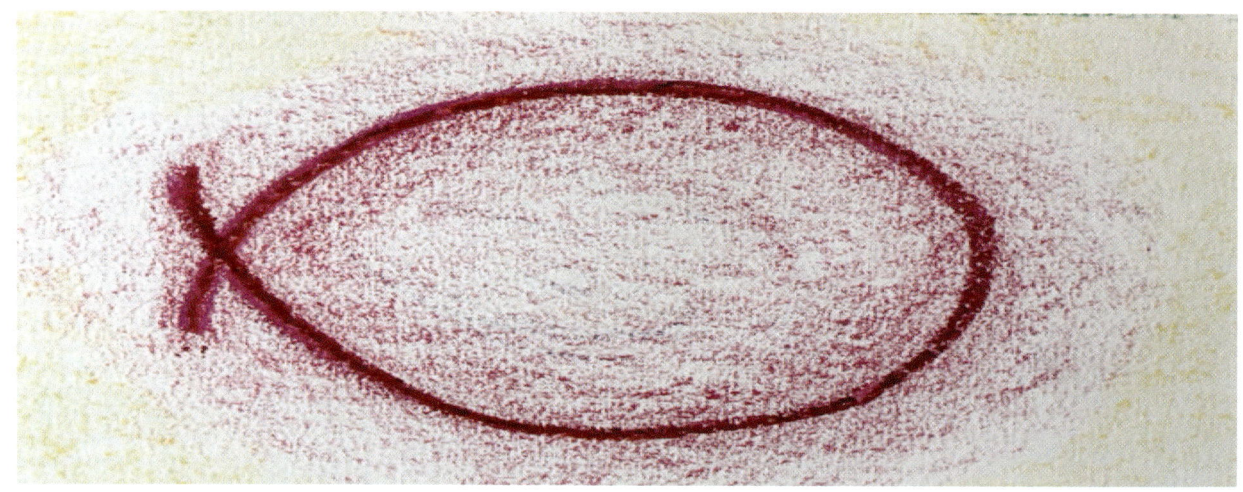

형태그리기(Formenzeichnen) | 83

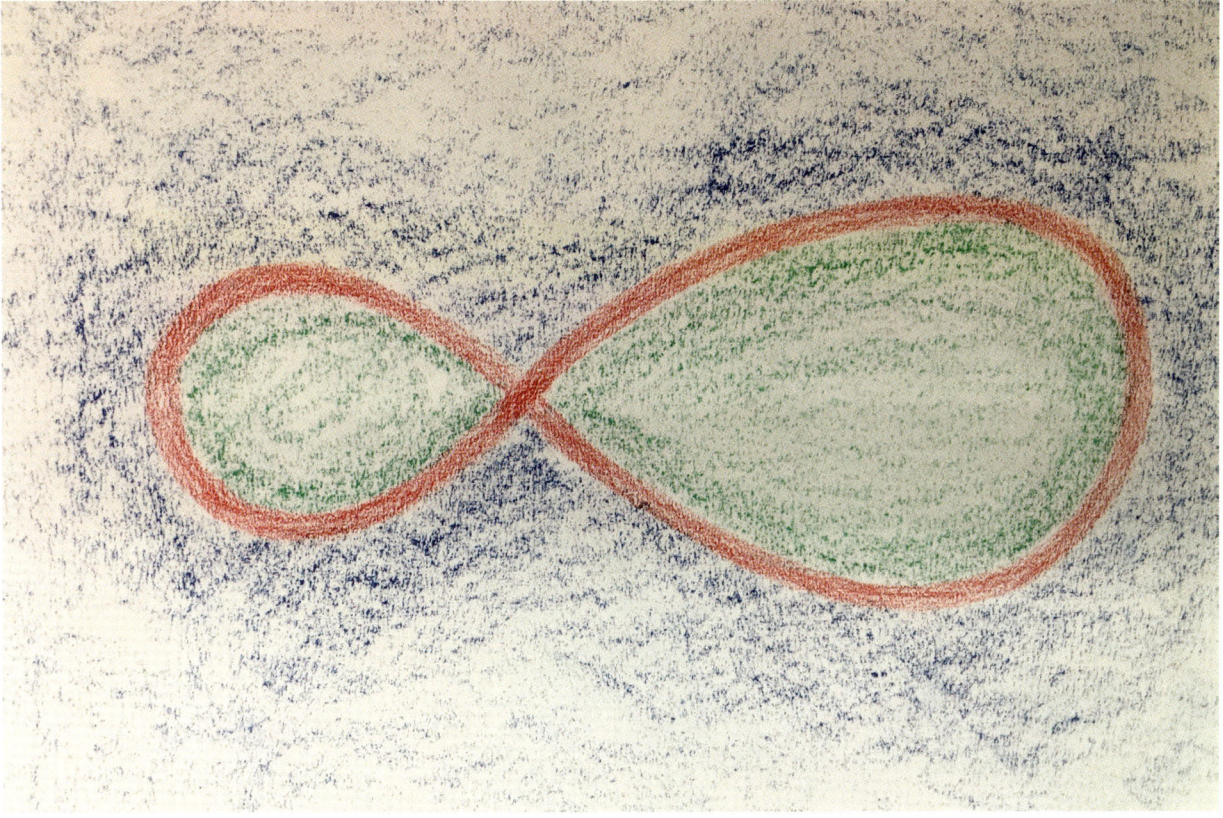

3. 글자와 관련 있는 여러 사물을 형태그리기로

▣ 산과 봉우리와 골짜기 모양

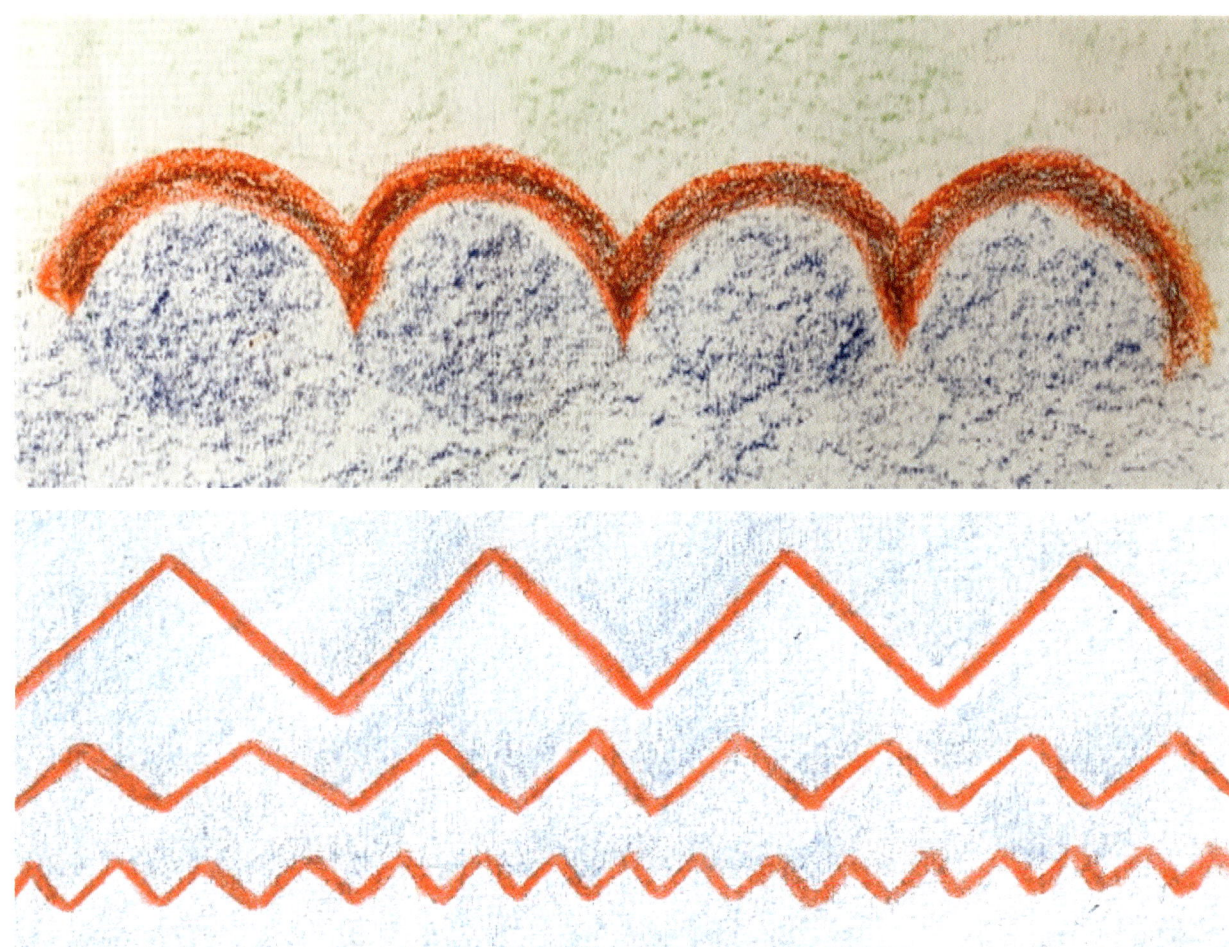

▣ 컵과 대문

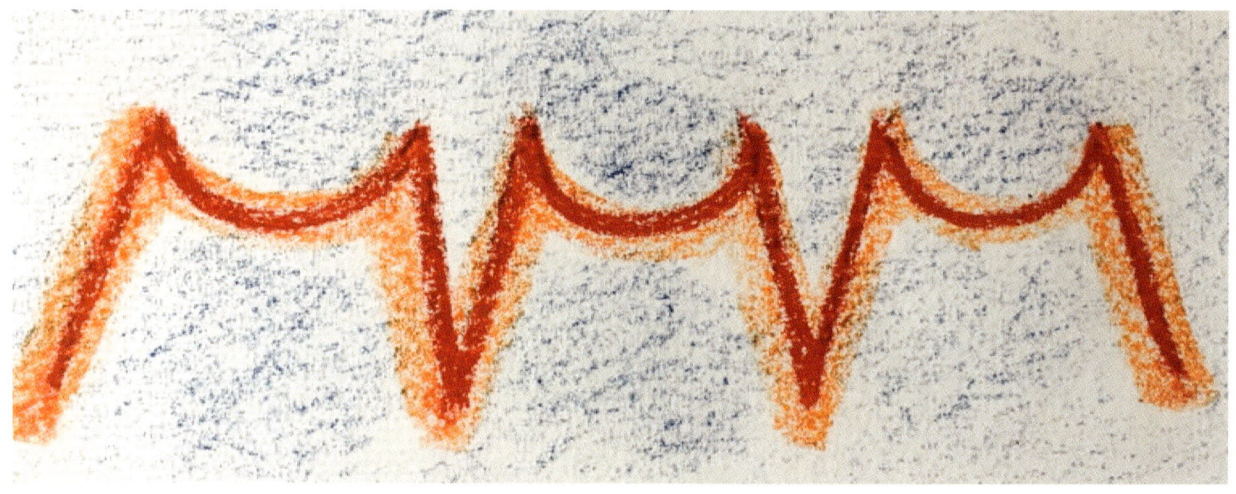

◨ 여러 모양 고리들

◨ 각이 있는 고리들

◩ 위아래 연결된 고리들

◩ 물결

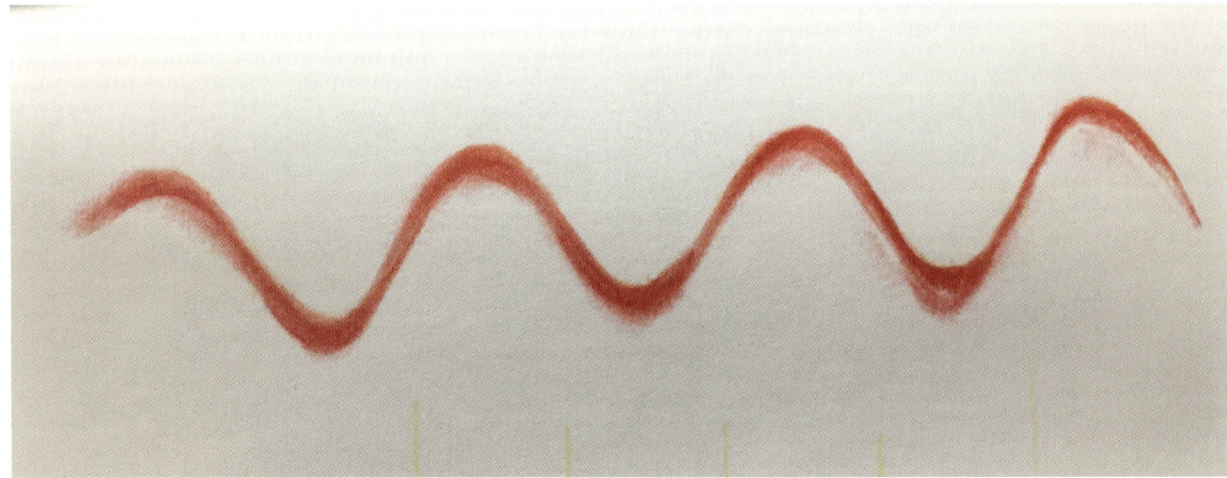

◨ 물결 변화

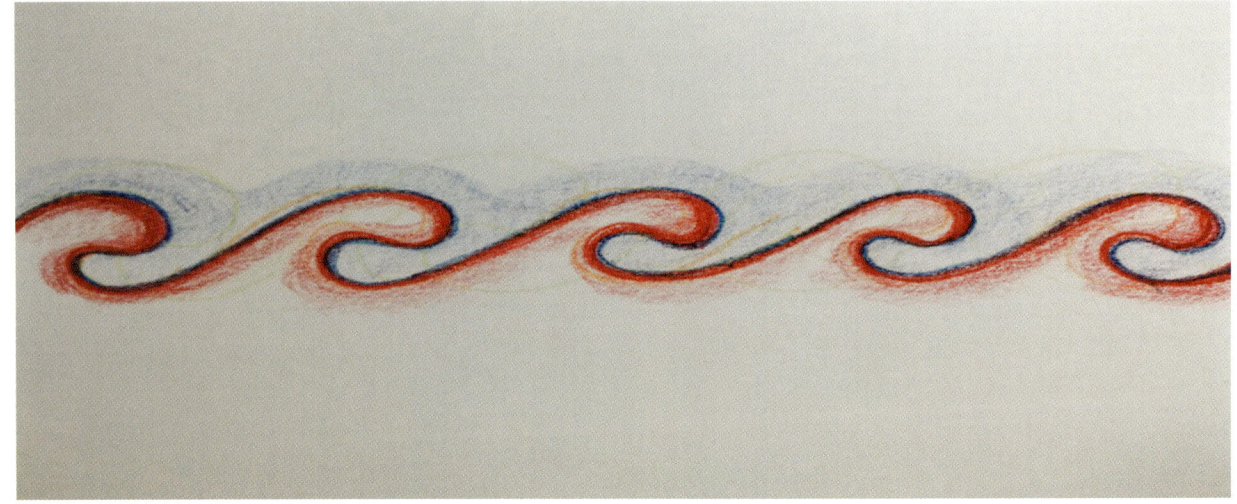

◾ 파도 모양

◼ 날개

◼ 성난 물결 모양

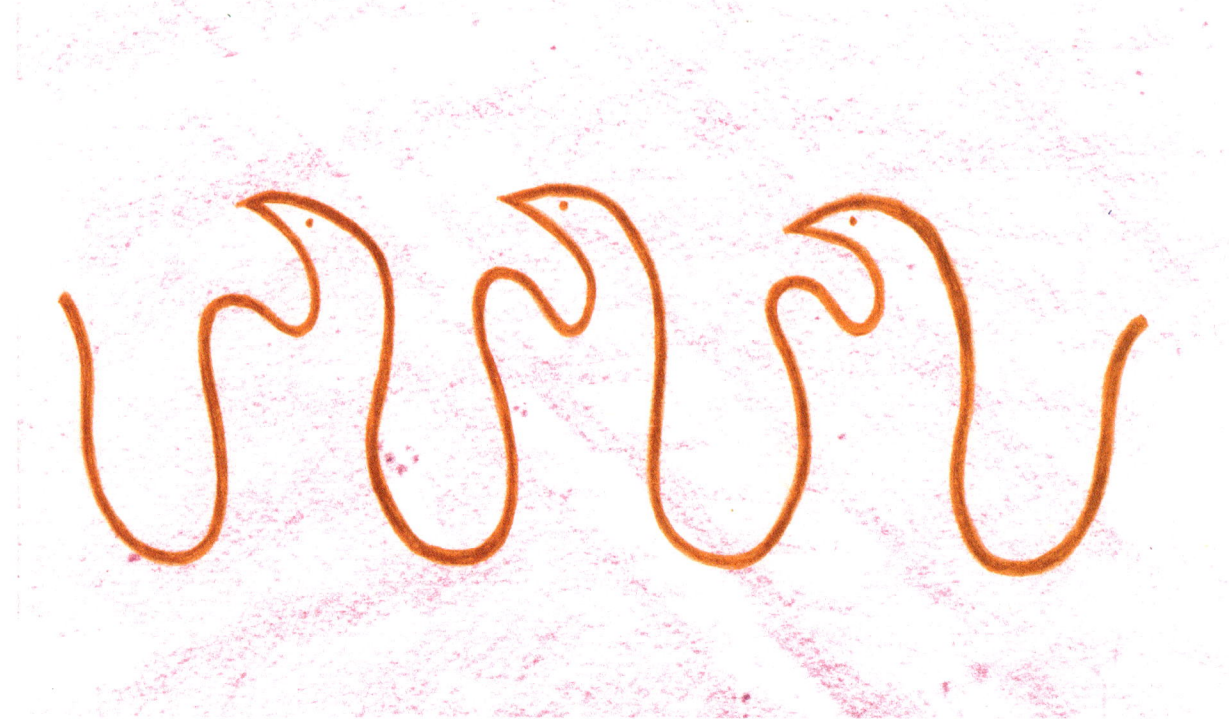

■성 꼭대기와 계단

◨ 흔들리는 다리

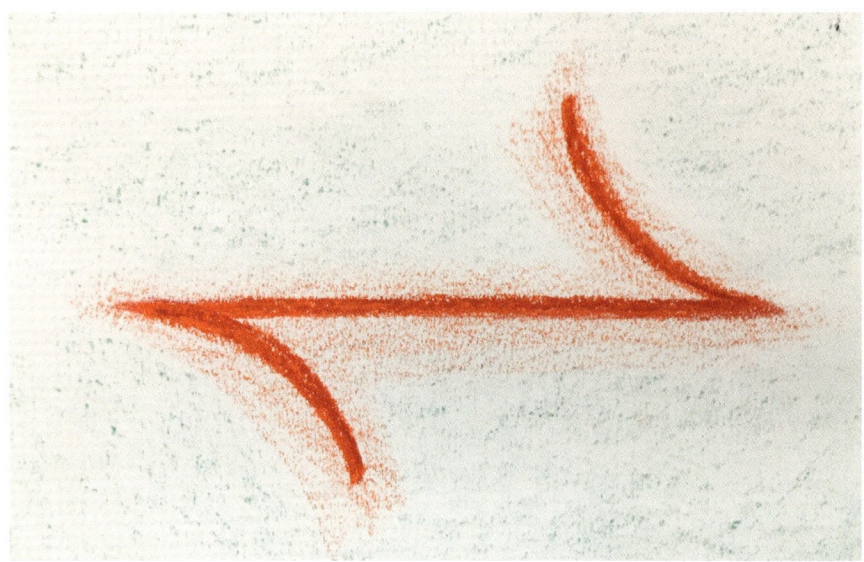

◨ 나뭇잎 떨어지는 모습

◨ 높은 산과 낮은 산

◨ 성곽 모양(남한산성, 수원성, 고창성, 진주성 따위들)

◪ 톱니 모양

◪ 햇살 모양

◪ 댐과 골짜기 모양

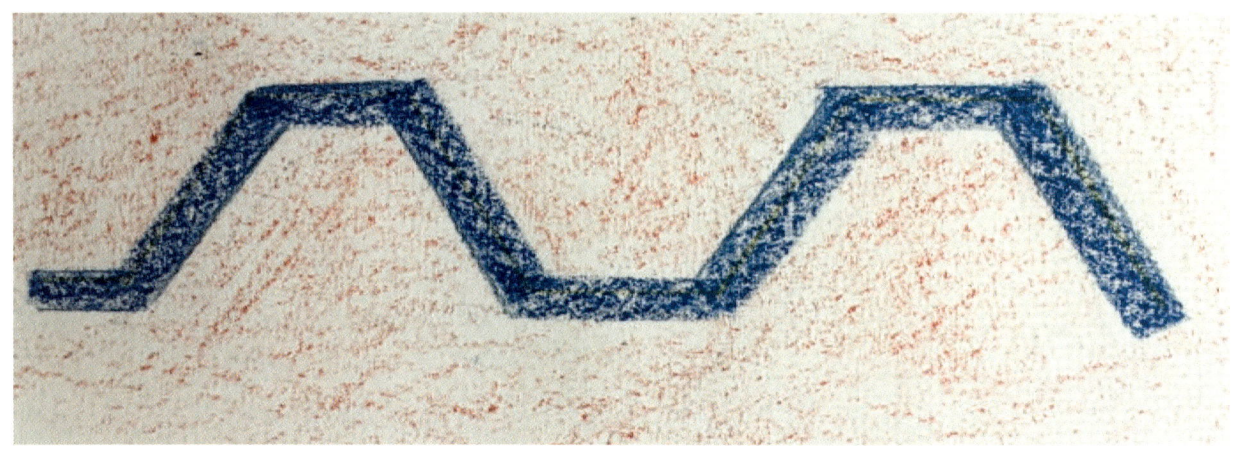

◩ 위아래 똑같은 모양

◼ 각이 있는 실꼬기 모양

◼ 둥근 실꼬기 모양

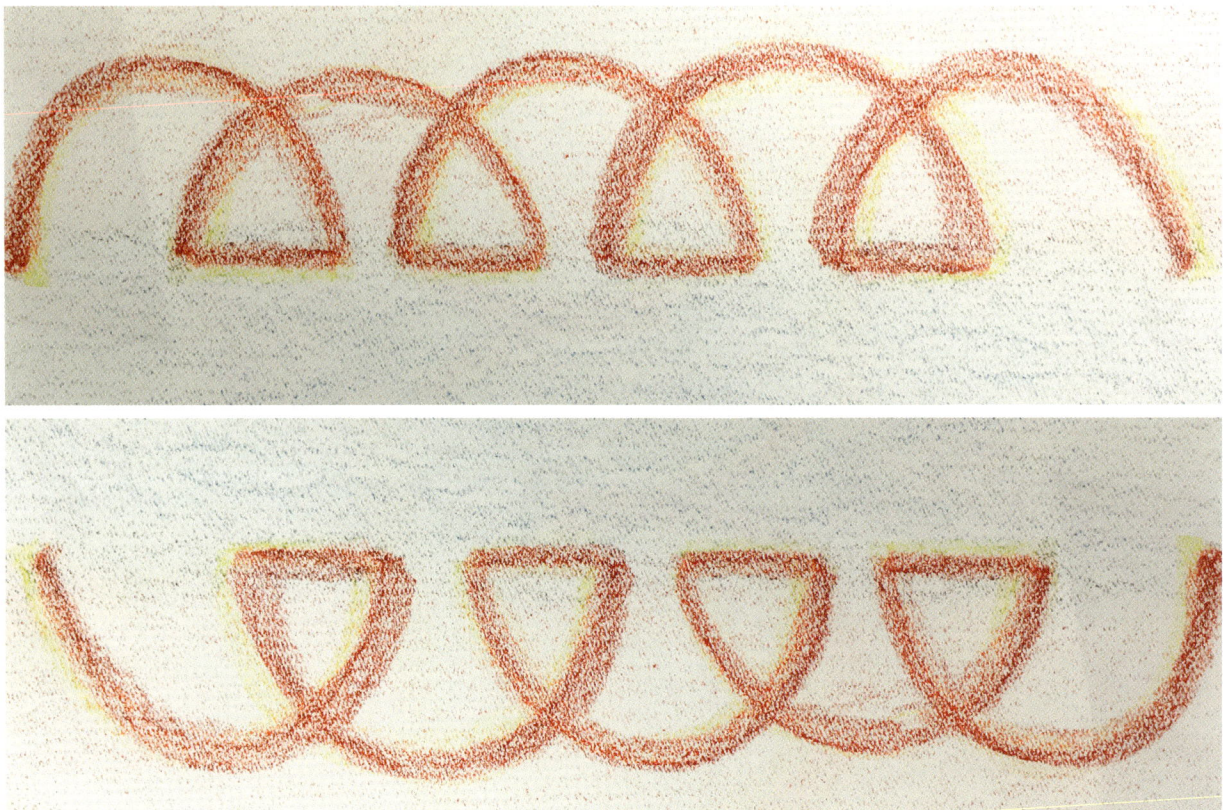

◨ 각이 있는 버섯과 둥근 모양 버섯

◨ 오목한 버섯 모양

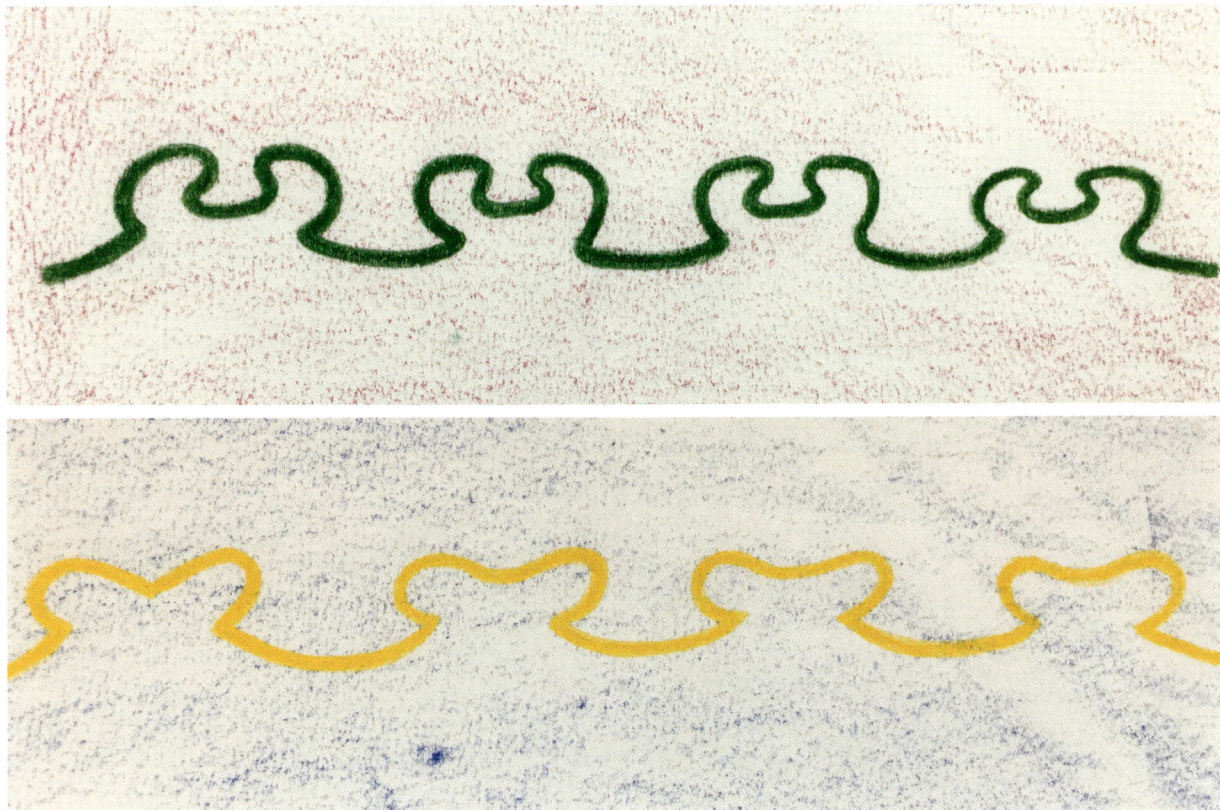

◧ 뾰족 나온 여러 모양

◨ 바람이 불 때 여러 물결 모양

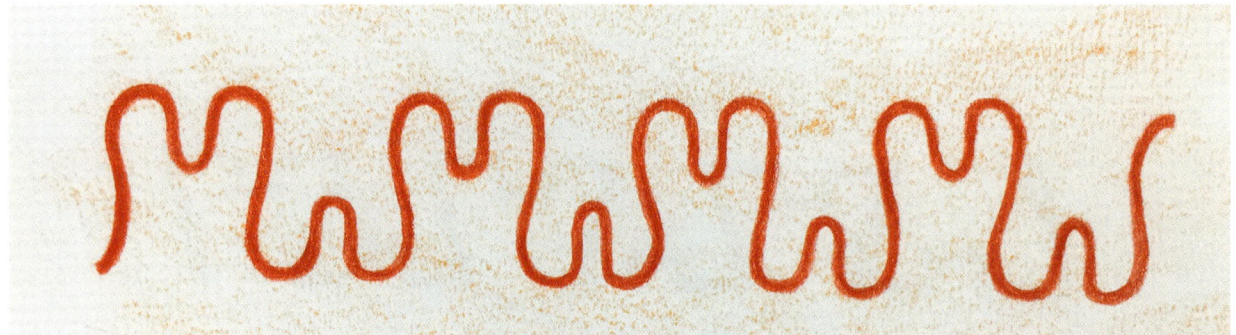

◨ 위아래 같은 모양

■ 산과 물결 모양이 겹치는 모양 [1]

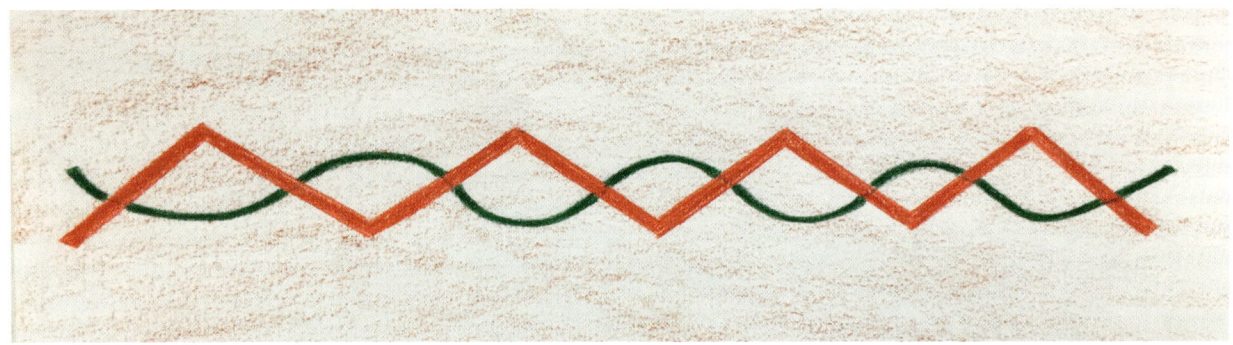

■ 복잡한 산과 물결이 겹치는 모양

1) 이 작업은 2학기 후반에 하는 것이 좋다.

◧ 성곽과 물결 모양이 겹치는 모양

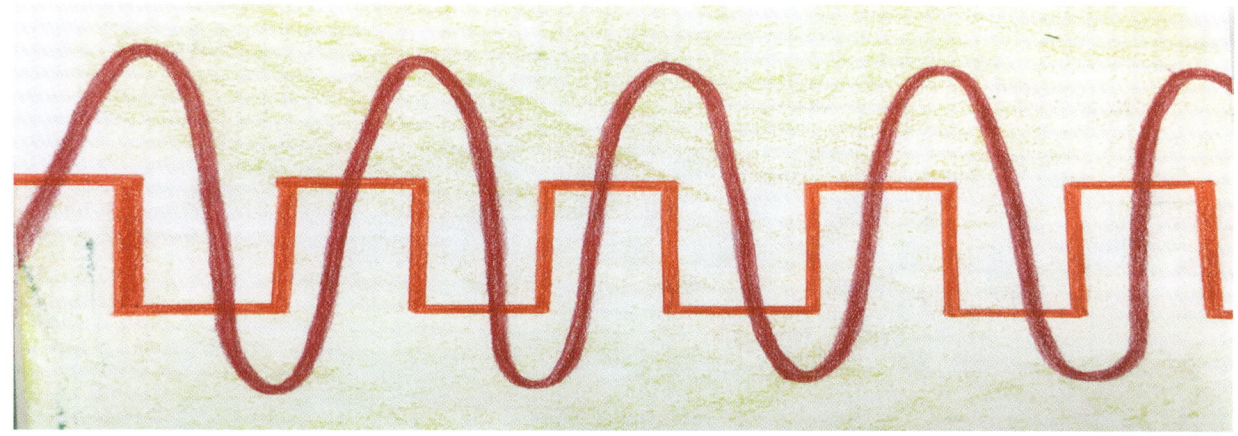

◧ 크고 작은 고리

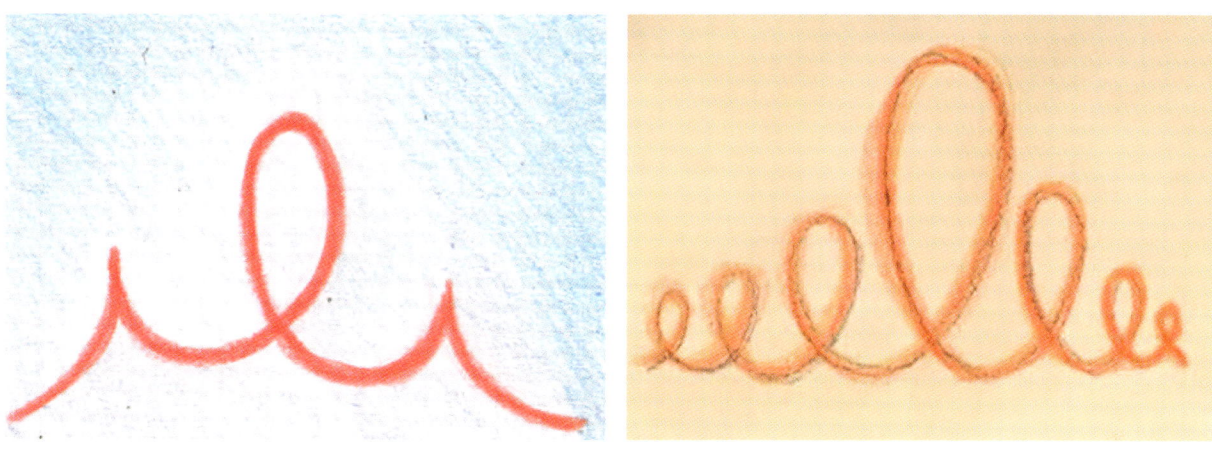

◧ 규칙 있는 고리

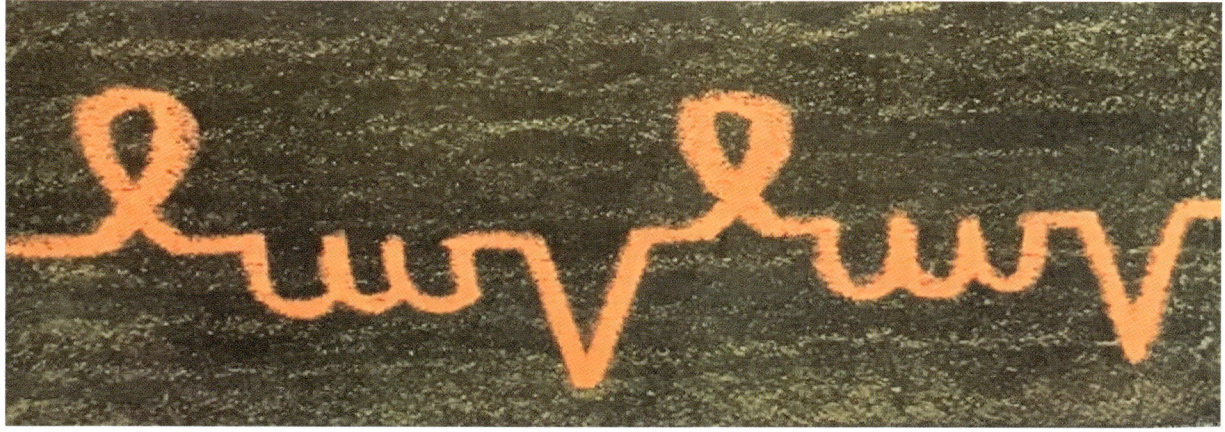

◼ 무지개

◼ 사각형의 변형(나감)

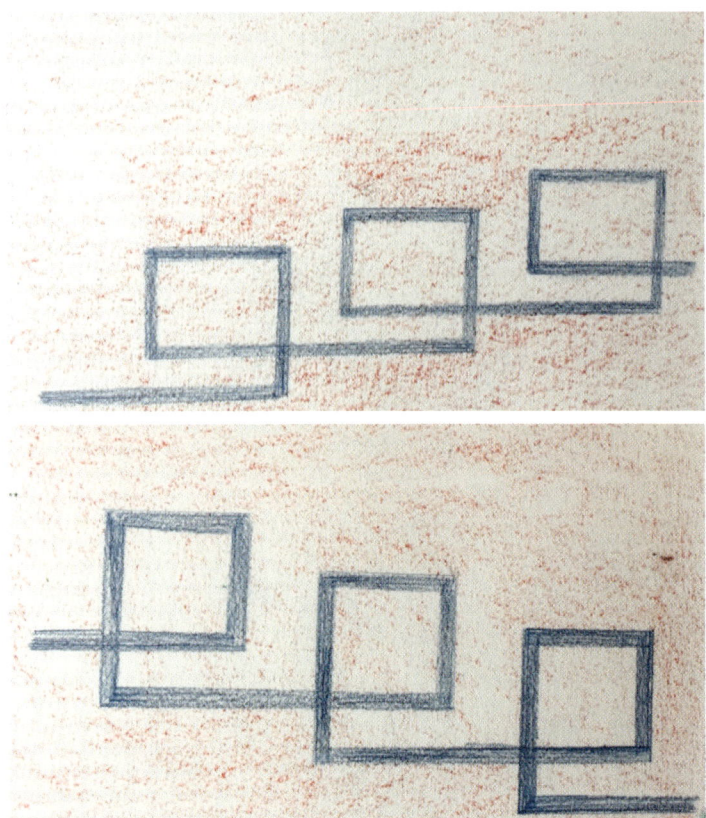

◨ 별

◨ 무한대

◼ 여러 가지 움직임(발전)

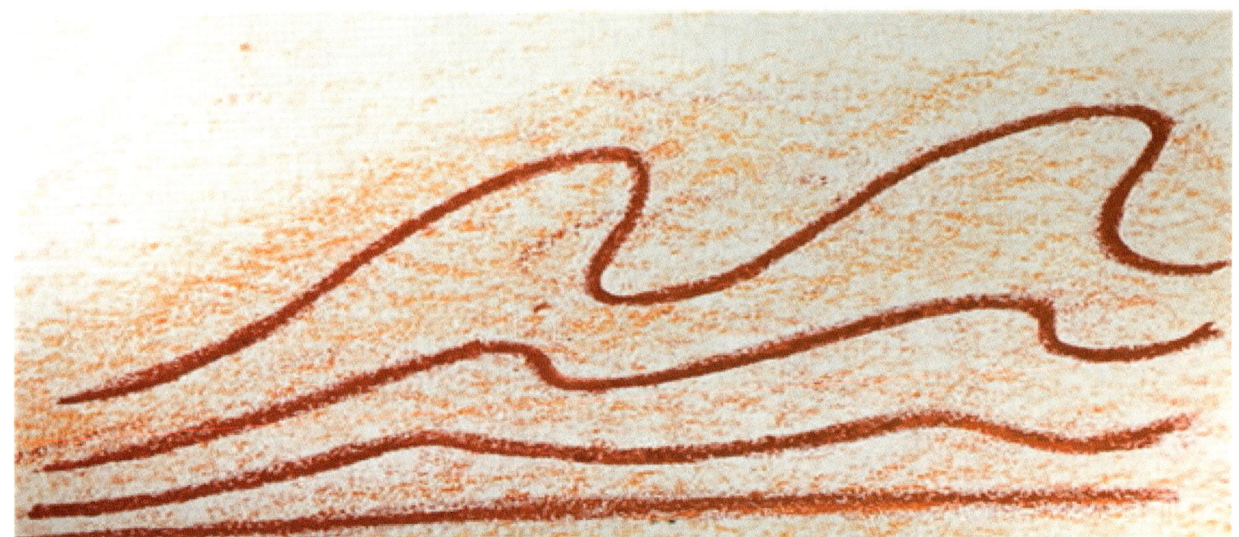

◨ 아이들 활동 결과물 [2]

---
2) 검정 칠판이 없는 경우 일반 칠판에 해도 되고, 일반 크레용을 이용해서 그려도 된다.

⊙ 기질과 형태그리기 [3]

[3] 빨간색이 담즙질, 초록색이 점액질, 파랑색이 우울질, 노랑색이 다혈질.

담임교사가 아이들 개개인의 기질을 모르고 수업하는 것은 마치 짙은 안개 속을 걸어가는 것과 같다. 기질론에 대해서 알고 있다면 수업은 80% 이상 성공(?)한 것이나 다름이 없다. 아이들 기질 특성에 맞게 처방(교육)을 내리면 된다. 부모도 이와 같다.
'MBTI'성격유형이나 '에니어그램'을 공부했다면, 이 그림을 보고 아이들 성격 특성에 대해 바로 말하기가 쉽지 않을 것이다. 이에 비해 발도르프교육 관련 '기질론'을 공부했다면 이 네 가지 특성에 대해 아이들의 특성을 금방 말할 수 있다. 그래서 교사는 우리 반 아이들의 온전한 성장과 발달을 돕기 위해서는 '기질론'에 대해서 알아 두는 것이 좋다.
 삼월 첫날 또는 첫 주에 초등의 경우 1학년부터 6학년까지 꼭 해야 할 수업이 있다(기질론을 공부하고 나서 연임을 하는 담임교사는 제외). 그림 그리기(크레용, 습식수채화, 형태그리기) 작업으로 아이들의 기질을 살펴야 한다. 이 가운데에서도 '형태그리기' 수업을 가장 먼저 해보는 것이 좋다. 아래 사진 자료를 보면 선 굵기, 선긋기 정확도, 색깔 선택, 색깔 진하기 정도 따위들로 아이들의 기질 특성을 쉽게 알 수 있다.

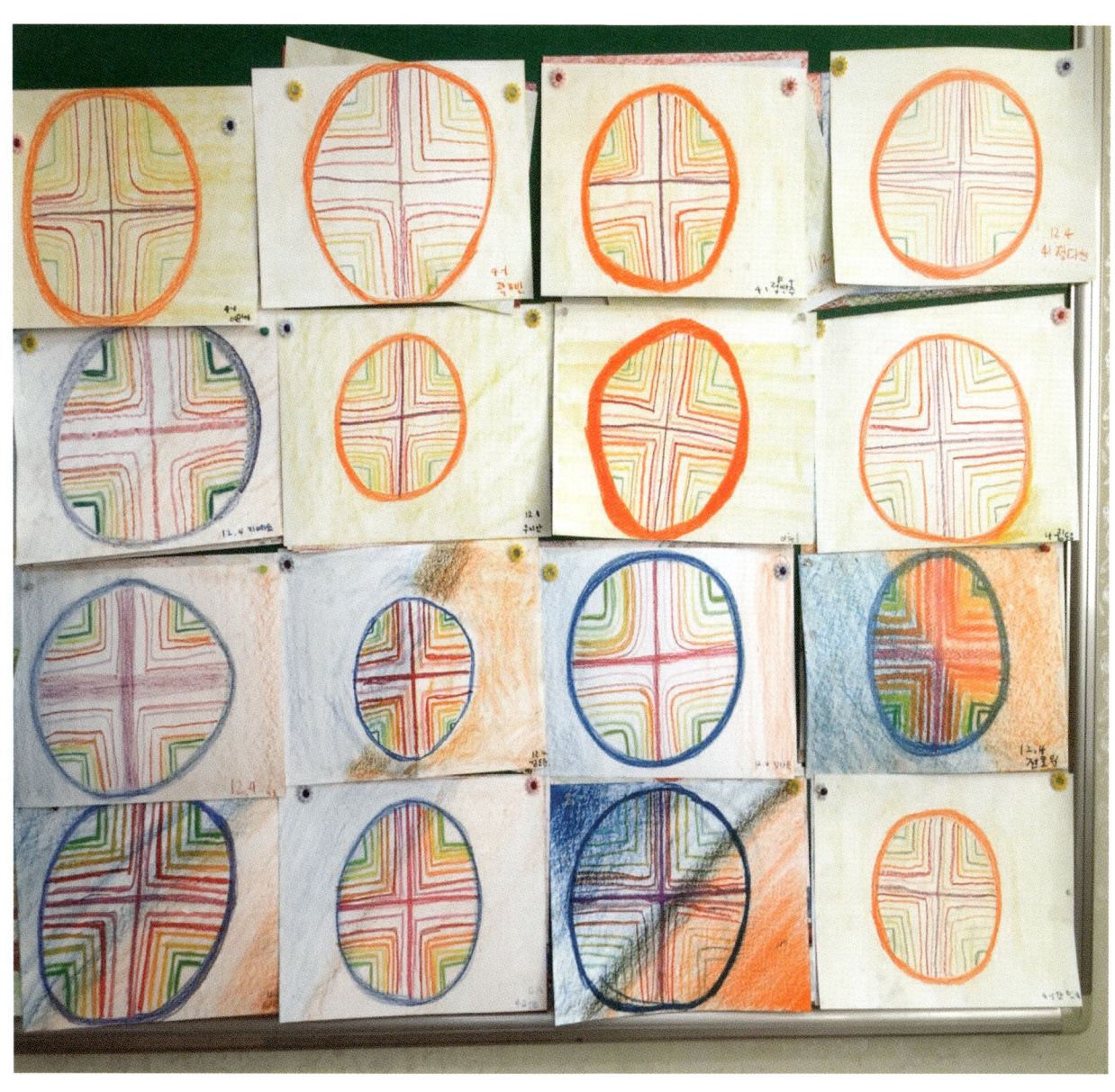

⊙ 온몸으로 느껴보는 바깥에서 안쪽으로 [4]

⊙ 발로 그려보기 [5]

---

4) 아이들이 적을 경우는 교실에서, 많은 경우는 체육관에서 한다. 내용물은 스카프 천이나 옷, 신발까지 이용해서 나선형을 만들고 줄을 서서 함께 들어갔다 나왔다 걸어본다.

5) 이 활동은 아이들이 발가락으로 그려보는 것이 얼마나 힘들지, 그러면서도 한편으로는 촉감을 강화시킨다.

⊙ 햇살 모양을 온몸으로 표현하기

⊙ 두루마리 큰 종이에 그려보기

⊙ 둥근 실꼬기 모양을 눈감고 해보기 [6]

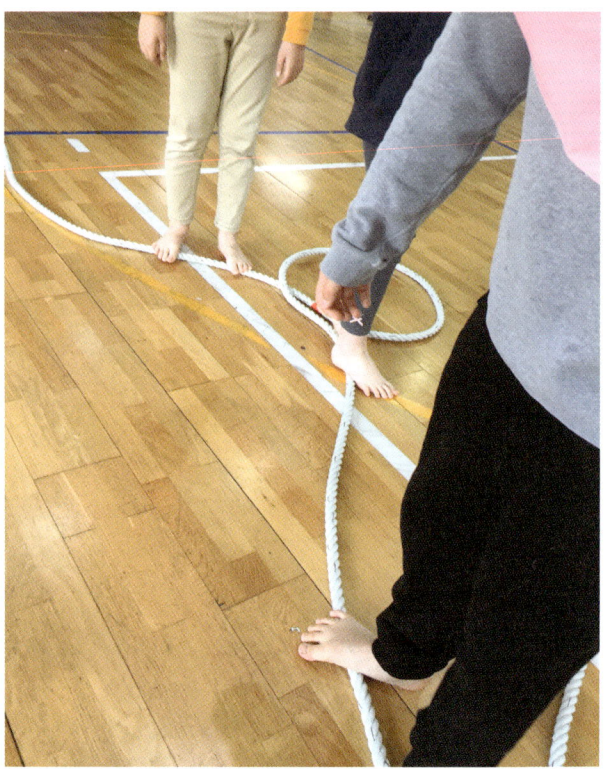

6) 눈을 감고 맨발로 밧줄 모양 따라 걸어보기 활동이다. 이 활동은 촉감과 균형감각 강화에 많은 도움이 준다. 한명씩 천천히 발가락으로 밧줄을 짚어가면서 걷도록 한다.

형태그리기(Formenzeichnen)

3부. 더 좋은 글자 익히기 수업을 위해서

1. 글자는 전체에서 부분으로

글자는 본디 추상적이기 때문에 문자를 배우거나 소개하는 가장 좋은 방법은 이야기와 그림(이미지)다. 글자를 전혀 알지 못하는(?) 아이들에게 설령 알고 있다고 해도 단순히 모방에 의해서 익힌 아이들에게 글자가 담긴 정신 성들을 어떻게 깨우치게 해주어야 할까? 영어나 한자의 경우는 먼 옛날 자연의 사물을 보고 이것을 글자로 만든 상형문자라 그림이나 이야기로 소개하기가 쉬우나 한글은 그렇지 않다. 한글은 사람의 발음기관의 모양을 본떠 만든 글자이다. 그래서 발음기관 모양의 그림만 보면 한글의 만들어진 원리와 발음하는 방법까지도 스스로 쉽게(?) 이해할 수 있다. 하지만 유아나 초등학교 취학전 아이들이 쉽게 받아들이기에는 여러모로 어려움이 많다. 우리 어른들은 지금은 글자를 다 깨우쳐서 쉽다고 여길지 모르나, 글자를 알지 못하는 아이들은 여전히 극복(?)할 대상이다. 외국인까지도 사람의 발음기관 그림만 보면 쉽게 이해할 수 있어 한글을 몇 시간 만에도 배울 수 있다고 하지만 그들은 아이들이 아니고 어른이다. 사실 눈에 보이지 않는 소리를 글자로 나타낸다는 것은 어려운 일이다.

사물의 형태를 보고 글자를 익히면 쉽게 따라 할 수 있지만, 소리만 가지고 글자를 익힌다는 것, 추상에서 글자를 익히기가 쉽지 않다.

'ㄱ'자 경우, 'ㄱ는 혀뿌리가 목구멍을 막는 형태를 본떴다.', '보는 사람으로 하여금 스승이 없이도 스스로 깨우칠 수 있다', '지혜로운 자는 아침을 마치기 전에 깨우칠 수 있다'라고 했다.

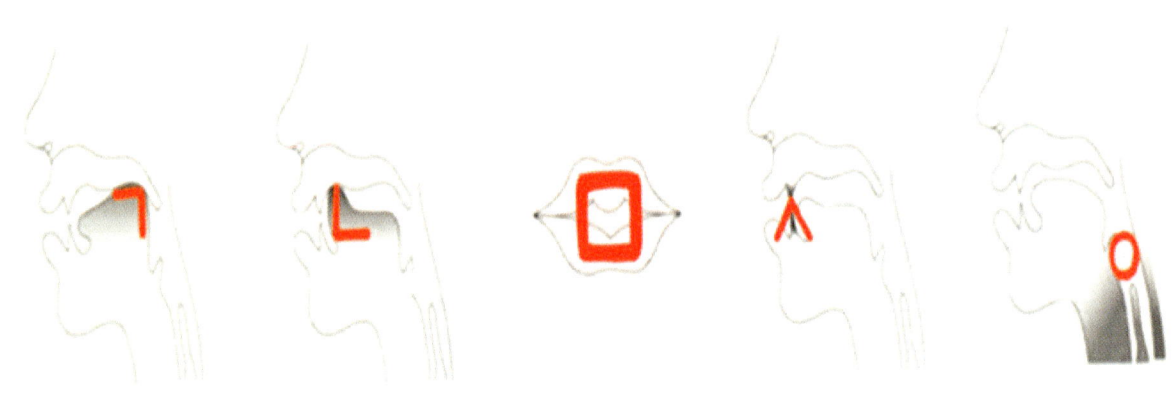

훈민정음 만든 원리, 닿소리(자음)는 발음기관의 모양 본떠서 만들었다.《누구나 알아야 할 한글 이야기, 문화체육관광부》20쪽[1]

---

1) http://koya-culture.com

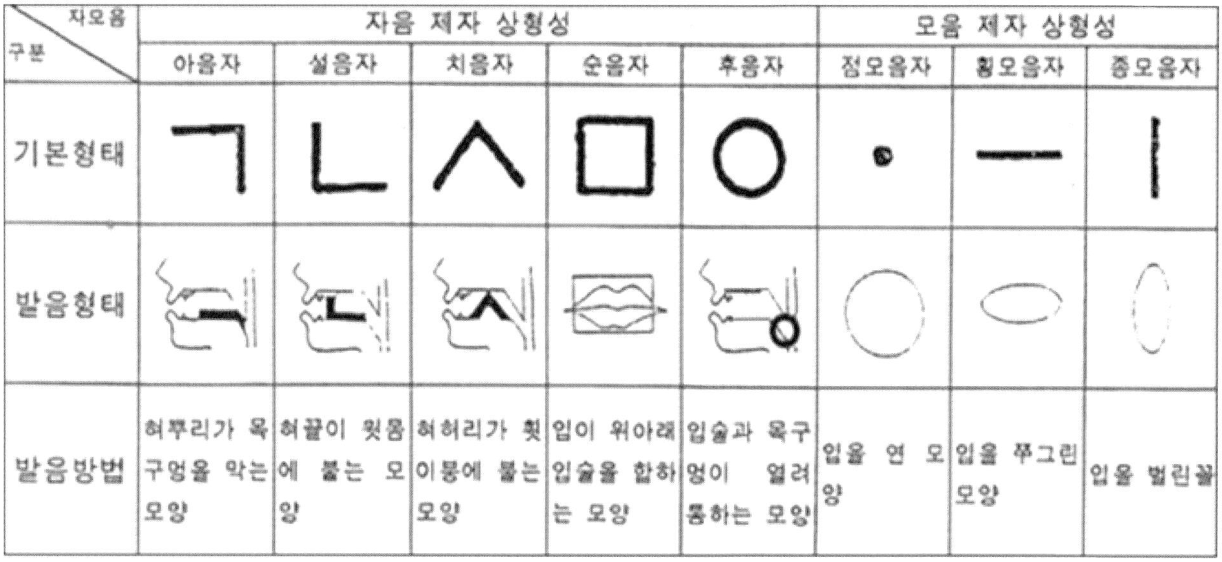

자모음 구분	자음 제자 상형성					모음 제자 상형성		
	아음자	설음자	치음자	순음자	후음자	점모음자	횡모음자	종모음자
기본형태	ㄱ	ㄴ	ㅅ	ㅁ	ㅇ	·	ㅡ	ㅣ
발음형태								
발음방법	혀뿌리가 목구멍을 막는 모양	혀끝이 윗잇몸에 붙는 모양	혀허리가 윗이몸에 붙는 모양	입이 위아래 입술을 합하는 모양	입술과 목구멍이 열려 통하는 모양	입을 연 모양	입을 쭈그린 모양	입을 벌린꼴

한글 원리[2]

위 그림과 같이하면 누구나 '가', '나'라고 소리(발음)가 난다. 그 소리가 바로 읽기이며, 발음기관의 모양을 보면 글자 모양이 쉽게 떠올려 외우지 않고도 글자 모양을 알게 된다고 한다. 하지만 글자를 처음 익히는 아이들도 이렇게 금방 따라 할 수 있을지 의문이다. 중요한 것은 어른(교사)들의 처지에서가 아니라 세상이 커다란 산처럼, 뿌연 안개처럼 보이는 아이들에게 세상에서 가장 아름다운 글자를 어떻게 흥미롭게 가르치고 배우게 해줄 수 있을까를 고민해야 한다. 그 해답은 바로 발달단계에 맞는 교육이다. 7살~8살 아이들에게 글자를 어떻게 가르칠 것인가? 이야기와 그림(이미지)이 아이들이 글(언어)을 표현하기 위한 다리(가교) 역할을 한다. 소리를 시각화한다는 것은 많은 고민과 노력 없이는 힘들다. 물론 개념(지식) 중심으로 가르치면 쉬울 수 있지만, 그것은 교사 중심이지 아이들 처지를 생각한 것이 아니다. 더구나 이 경우 아이들은 깊이 있는 내면화를 경험하지 못하고 배우게 된다.

또한 한글 깨우치기 자모법은 'ㄱ'에 'ㅗ'를 더하면 '고'가 되고 'ㅂ'에 'ㅏ'를 더하면 '바'가 되며, 'ㄴ'에 'ㅣ'를 더하면 '니'가 된다는 식의 문자지도 방법이다. 기역니은식 지도법이라고 한다. 아래 그림 자료가 '한글 자모법'[3]이다. 우리가 쓰고 있는 컴퓨터 자판을 생각하면 금방 이해될 것이다. '농' 경우, 왼쪽 'ㄴ' 자판을 누르고 오른쪽 자판 'ㅗ'를 누른 다음 다시 왼쪽 자판에서 'ㅇ'을 누르면 화면에 '농'이 만들어진다. 물론 세벌식 자판은 이와 조금 다르지만 화면에 글자가 만들어지는 원리는 같다.

우리는 지금까지 실제 지도에서 기본음절표를 활용하여 자모인 'ㄱ, ㄴ, ㄷ, ㄹ---'이나 'ㅏ, ㅣ, ㅐ, ㅕ-----'들을 가르치고 "ㄱ"에 'ㅏ'를 더하면 '가'가 되고 다시 받침 'ㅇ'을 더하면 '강'이 된다고 가르쳤거나 가르치고 있다. 하지만 이 방법은 문자의 결합이나 구조를 이해하는 데는 도움이 되지만 인지능력이 성숙되지 않은 초등학년 1-2학년 이하 아이들에게는 그리 좋은 글자 깨치기 방법이 아니다. 글자를 세세히 나누어 놓은 한글 글자 지도 방법을 초등 3학년 이상 아이들에게 적합하다. 따라서 자모법은 논리적 사고력이 발달한 성인에게 합당한 방법으로 초기 문자를 접하는 1학년 아동들에게는 몹시 어려운 방법이며 흥미를 잃게 할 위험이 크다. 외국인 가운데 우리말을 잘하는 사람들의 경우 특별한 재주가 있어서라기보다는 이들은 어른이고 인지능력이 성숙한 상태라 세계에서 가장 과학적인 규칙에 따라 자음과 모음을 조합을 하면 글자가 되는 단순 원리를 깨닫기만 하면 얼마든지 우리말을 쉽게

---

[2] http://koya-culture.com

[3] 훈민정음 28자 : 기본 모음자 11자 + 기본 자음자 17자, writerc.tistory.com

따라 할 수 있는 것이다. 그래서 글자를 아직 깨우치지 못하거나 깨우치려고 하는 아이들에게는 자모법보다는 문장법이 더 쉽게 다가온다. 문장법[4]은 말 그대로 사물에 대해서 전체로 파악하고 나서 이를 통해서 부분의 분석으로 들어간다. **'전체에서 부분으로'**라고 생각하면 된다. 이 시기 아이들에게 옛이야기를 들려주어야 하는 것도 바로 세상을 하나로 전체로 느끼고 바라보기 때문이다.

2. 글자를 바르게 익히기 위해

앞에서도 이야기한 것처럼 글자 익히는 것은 **'전체에서 부분으로'** 나아가는 '문장법 →단어 법 →음절 법 →자모법'으로 가르쳐 내려가는 하향식 지도방법이 아이들의 발달단계를 생각한 글자 익히기 과정이다. 물론 쓰기를 배우게 하려면 가르치는 것은 힘들고 쉽지 않은 일이다. 단순히 이것이 한글 자음과 모음이니 그냥 따라서 쓰게 할 수도 없고, 더구나 우리 한글이 상형문자가 아닌 소리글자이기 때문에 아이들에게 소리를 그림으로 전달하기가 쉽지 않다. 아이들이 배우는 여러 과목을 자세히 나누어(분류) 보면, 정신을 요구하는 것이 있고, 행위(몸)를 요구하는 것이 있다. 수학에서 셈하기를 할 때 숫자 속에 많은 정신이 들어 있다.

국어 시간에 '쓰기'의 경우 글자의 형태를 익히기 위해 오로지 연습을 요구할 뿐, 그 자체에 생각을 많이 하게 하거나 느끼게 하거나 하는 정신이 많이 들어 있지는 않다. 하지만 한자의 경우는 약간 다르다. 사물이나 자연의 형태를 그대로 나타낸 상형문자이기 때문에 정신이 들어 있다고 할 수 있다. 하지만 우리 한글은 소리글자이기 때문에 아이들에게 쓰기를 가르칠 때는 글자와 글자 자체의 뜻을 연결해야 하기에 상당히 많은 의미와 노력을 기울여야 한다.

ㄱ+ㅏ+ㅁ = 감

자모법으로 '감'을 가르칠 때 음절을 한 글자로 가르치지 않고, 'ㄱ과 ㅏ', 'ㅁ'의 세 단위로 분리하여 가르친다. 다시 말해 'ㄱ'에 'ㅏ'를 더하면 '가'가 되고 다시 'ㅁ'을 더하면 '감'이 된다는 식으로 철자 위주의 분석적인 지도 방법이다. 이러한 자모법식 글자 깨치기는 초등 1학년 아이들에게는 맞지 않는다. 따라서 아이들에게 글자 지도방법은 문장법 →단어법 →음절법 →자모법의 하향식 지도방법으로 해야 한다. 이런 것이 바로 발달단계에 맞는 글자 익히기다. 교사가 아이들에게 'ㄴ'를 가르치면서, "이게 'ㄴ'야"라고 했을 때, 아이들은 이게 왜 'ㄴ'인지를 제대로 알 수가 없다. 그렇다면 아이들이 단순히 개념이 아닌 그야말로 글자로 익히게 하는 방법은 없을까? 사실 'ㄴ'이라는 것은 자음이고 하나의 개념 또는 정의다. 하지만 어린 아이들은 말 자체를 배우고 있는 과정이라 예를 들어 '나'를 알게 되고 자신들도 무의식적으로 말하는 과정에 '나'라는 소리가 여러 번 들리면 아주 재미있어한다. 귀에 익숙한 소리가 들린다는 것이다. 아이들은 소리 안에 살고 있어서 여러 가지 생활의 경험에서 살아 있는 말을 배우게 된다. 즉 말은 살아 있다는 것이다. 하지만 글자는 말 그대로 행위를 해야 보여 주는, 죽어 있는 것이다. 글자를 배운다는 것은 어떻게 보면 생명력이 없는 말을 배우는 것이다. 그렇다면 말과 글자가 어떤 관계가 있는지 이에 대해서 알고 아이들에게 제대로 알려주어야 한다.

자, 그럼 자음 'ㄴ'이 우리에게 어떻게 다가올까? 물렁물렁하거나 부드러운 느낌으로 다가올 것이다. 헌데 '나비' '나무' '나물' '나이'----. '나비'의 경우, 'ㄴ'의 특성이 잘 나타나 있다. 새들이 '날'아 다니는 것, '나무'에도 'ㄴ'의 특성이 잘 들어 있다. 이렇게 'ㄴ'의 특성이 들어 있는 낱말들을 찾을 수 있다. 아이들에게 '나비'의 생김새나 행동을 이야기해 줄 수 있고, '나무'에 대해서도 활엽수, 침엽수, 사막에 사는 나무 따위들을 이야기할 수도 있다. 이렇게

---

[4] 안백섭, 입문기 아동의 문자지도에 관한 연구, 한국교원대학교 대학원, 1993, '문장식은 문장법이라고 하며, '철수야, 안녕?' 처럼 처음부터 문장을 통하여 문자를 지도하는 방법이다. 문장식 지도법은 사물에 대한 이해는 전체적 파악이 우선되어야 하며, 이를 통하여 부분의 분석으로 들어가야 한다는 구조주의 철학과 형태 심리학의 영향이 반영되어 있다. 전체 구조에 해당하는 문장을 문자 지도의 기본 단위로 삼고 있다. 이 방법은 언어운용의 실제적 단위인 문장을 직접 다룸으로써 생활과 직결되고, 학생의 흥미를 북돋울 수 있는 장점이 있다.

'ㄴ'과 관련된 여러 낱말들을 이야기하고 나서 교사는 아이들에게 'ㄴ'소리가 많이 나는 낱말을 이용해서 짧은 시를 지어서 들려준다.

> 나비가 날개를 나풀나풀하며
> 나무에 사뿐히 앉는다.
> 나비는 날개를 나란히 두고 있다가
> 나무에 바람이 오니
> 나비는 날개를 나풀나풀 거리며 나 홀로 날아간다.

이 시로 아이들이 놀이를 할 수 있다. 나비가 되어 이 나무 저 나무에 옮겼다는 놀이를 할 수 있다. 또한 마지막으로 그림으로 그리기도 한다. 위에 시를 읽는 순간 머릿속에 이와 관련된 그림들이 스쳐 지나갔을 것이다. 아이들은 시를 낭송하면서 'ㄴ'에 대한 많은 경험을 할 수 있다. 다음에는 다른 글자를 배우기보다는 어제 배웠던 시나 놀이를 되풀이해서 한다. 배움에 대한 깊이 있는 내면화를 위해서이다. 그런 다음 교사는 'ㄴ'에 대한 특성적인 것을 칠판에 그린다. 수업 마지막에는 이 'ㄴ'를 그린 뒤에 비로소 "이것이 'ㄴ' 이란다"고 이야기를 해준다.

충남 홍성 강민정 선생님의 수업 자료[5]

그런 다음 교사는 아이들에게 어른들은 'ㄴ'를 이렇게 쓴다고 이야기한다. 이렇게 되풀이하면서 'ㄴ'의 특성이 안으로 들어오도록 한다. 이번 방법으로 아이들에게 한글의 자음과 모음을 배우게 해야 한다. 이렇게 아이들은 글자를 소리와 그림으로 배우게 되면 아이들은 말(언어)이 지닌 소리와 형태 사이를 연결할 수 있게 되고, 이러한 것을 머리보다는 가슴으로 자연스럽게 익히게 되면서 글자 하나하나에 정신(깊은 뜻)이 아주 많이 들어 있는 것을 깨

---

5) 충남 홍성 강민정 선생님의 수업 자료

닫게 된다.

"아하, 'ㄴ'자가 저렇게 되네. 이런 글자도 있구나, 나비도, 나무도, 노래--."
"어, 'ㄴ'자도 이렇게 많은 글자를 만들어지는구나!"
"---"

이런 과정에서 아이들은 'ㄴ'라는 글자가 왜 이렇게 생겼는지 이해하게 된다. 이렇게 글자를 가르칠 때 아이들에게 그림과 소리를 배우게 하는 것은 결국 우리 인류가 글자(한자, 영어)를 처음 알게 되었던 방법을 그대로 보여주는 것이다. 글자는 말속에 들어 있는 것에 의해 이것이 그림(글자)이라는 형태로 된 것이다.

다음에 소개하는 글자 특성은 정답이 아니다. 하나의 예시 사례이기 때문에 교사가 나름대로 자료를 찾고 재구성을 하면 된다. 리듬과 함께해보는 활동을 하나 소개하면,

'ㅈ' 자 경우,

> 나는 **작**은 다람**쥐**랍니다. 아주 **작**고 작은 나무**집**에 삽니다. **조**금한 입으로 **조잘조**잘거리며, **작**고 **작**은 발로 **조잘**거리며 도토리를 까고, 징검다리를 건널 때는 **조심조심**하고, 저녁이 되면 나무**집**으로 돌아가서 **잠**을 **잡**니다.

3. 모음과 자음을 이런 차례로 가르친다.

모음 가운데 'ㅏ,ㅔ,ㅣ,ㅗ,ㅜ'를 가장 먼저 가르친다. 그런 다음에 자음 가운데 'ㄴ,ㅇ,ㄹ,ㄷ,ㄱ'를 가르친다. 그다음에 모음-자음-모음-자음 순으로 이중모음들도 가르친다. 전체에서 부분으로 나가는 글자 익히기에 가장 쉬운 방식이다

차례	글자
모음	ㅏ, ㅔ, ㅣ, ㅗ, ㅜ
자음	ㄴ, ㅇ, ㄹ, ㄷ, ㄱ
모음	ㅡ, ㅓ, ㅐ, ㅕ, ㅖ
자음	ㅁ, ㅈ, ㅅ, ㅂ, ㅊ
모음	ㅑ, ㅠ, ㅛ, ㅘ, ㅝ
자음	ㅎ, ㅍ, ㅌ, ㅋ,
모음	ㅢ, ㅞ, ㅚ, ㅙ
겹자음	ㄲ, ㄸ, ㅃ, ㅆ, ㅉ

4. 온몸으로 글자 익히기 위한 여러 활동을 먼저 한다.

가. 몸풀기

선생님이 글자에 대해서 설명하고 나서 바로 아이들이 공책에 쓰기보다는 여러 가지 활동을 온몸으로 직접 해 보는 활동을 해본다. 이런 활동을 충분히 한 다음에 공책을 쓰도록 하는 것이 좋다.

▣ 옥수수, 강낭콩 따위 알갱이를 이용해서 만들어 본다.[6]

▣ 모래 상자나 설탕 상자에 써 본다. 아이들의 촉각을 강화하는데 좋은 수업 활동임.[7]

---

6) 전북 정문기 선생님, 충남 강민정 선생님 1학년 수업 활동

7) 아이들의 촉각을 강화하는데 좋은 수업 활동임.

◼ 혼자 해보거나 친구들과 해본다.

■ 자연물(나뭇가지, 막대, 돌멩이, 조개껍데기, 솔방울, 밤) 따위들로 만든다.

■ 면줄 위를 걷기[8]

■ 뜨개질실을 이용해서 그려보기

8) 운동장에 나가서 크게 그려놓고 아이들이 선 따라서 걸어 보는 활동을 해도 좋다.

◨ 손가락으로 허공에다 그려본다.

나. 더 좋은 효과를 기대하기 위해
 낱자 한 개를 5일 동안 가르칠 경우, 이러한 활동을 날마다 하나씩 하면 좋다.
◨ 글자에 대해서 교사 설명(7분 이내)
◨ 아이들이 활동(15분 이내) : 학급 아이들이 작은 교실의 경우는 한 번으로 그치기보다는 여러 번 되풀이해 보는 것도 좋다. 아이들이 많은 교실에서는 전체 아이들을 한 번씩 해볼 경우, 요일별로 인원을 나누어서 하면 된다.
◨ 공책에 쓰기(18분 이내) : 첫날에 한 자를 썼으면, 둘째는 2개, 셋째 날에는 3개, 넷째 날에는 4개로 늘린다.

다. 세상에서 가장 큰 글씨를 쓰기

※ 큰 종이에 써 보고 나서 공책이나 그림장에 써 보게 하면 아이들을 훨씬 더 글씨 쓰기에 대한 부담을 덜 갖는다. 새로운 글자나 숫자를 배울 때마다 전지에 써 보면 좋겠지만, 종잇값이 만만치 않다. 아이들이 적은 학급에서는 크게 문제가 되지 않는다. 20명이 넘는 학급에서는 아이들을 모둠으로 나누어서 차례대로 써 보게 하는 것도 괜찮다. 해당하는 아이들이 이 작업을 할 때 나머지 아이들은 공책에 쓰면 된다.

 굳이 이렇게까지 큰 종이에다 쓸 필요가 있을까 하는 생각이 들겠지만, 앞에 '형태그리기'에서도 이야기한 것처럼 이 시기 아이들의 특성을 잘 반영한 것으로 이 작업을 할 때 마치 글씨나 숫자에 들어가는 느낌을 가게 하는 것이다. 어른(부모와 교사)이 느끼지 못하는 것을 아이들은 느낀다. 따라서 이 작업을 주 1회 정도 새로운 글씨나 숫자를 배울 때 하는 것이 좋다. 그렇다고 일년내내 하는 것도 아니다. 단지 한글 24자 이중모음과 숫자 12개 정도로 횟수가 얼마 되지 않는다.

5. 글자 익히기 수업 과정(5일 기준)

가. 한 글자를 5일 동안 가르치고 배운다.

<'ㅔ'자를 배울 경우>

	첫째날	둘째 날	셋째 날	넷째 날	다섯째
교사	'ㅔ'에 관련된 옛이야기를 들려준다.	칠판 그림 보여 줌.	칠판 그림 보여 줌.	칠판 그림 보여 줌.	칠판 그림 보여 줌.
아이들	이야기 듣기	칠판그림을 보고 공책에 따라 그린다.	칠판그림을 보고 공책에 따라 그린다.	공책에 나누어서 'ㅔ'자를 쓴다.	공책에 나누어서 'ㅔ'자를 여러 번 쓴다.

칠판 그림 보여 줌[9]

■ 이 수업을 효과 있게 진행하기 위해서는 칠판을 잘 활용해야 한다. 칠판을 3등분이나 4등분으로 나누어서 맨 왼쪽부터 그림을 그리고, 두 번째 칸에 글자 그림을 그리고, 세 번째 칸에 글씨를, 네 번째 칸에 연습 과정 글씨를 써놓는다. 그러면 아이들은 그림이 글자로 바꾸어가는 과정을 한눈에 볼 수 있어서 글자를 쉽게 익힌다.

2. 넷째 날과 다섯째 날 공책에 글자 연습은 바로 시작하기보다는 아래 사진 자료처럼 여러 활동을 해본 다음에 공책에 연습하도록 한다. 온몸으로 익힌 것을 내면화하게끔 하는 것이다. 금요일날 좋은 방법 가운데 하나는 습식 수채화를 이용하면 더 좋다.

---

9) 칠판에 그림을 그려놓거나, 전지 크기 검은색 머메이드 종이에 그린다.

나. 글자 테두리 그리는 방법

　테두리의 중요성에 대해서는 앞에서 이 시기 아이들 특성과 관련해서 소개해 놓았다. 테두리 꾸미는 것에 대해서는 담임 교사 나름대로 창의성을 최대한 발휘에서 색칠하면 된다.

6. 그림으로 배우는 글자[10]
▣ 'ㅂ'자 익히기

'ㅂ'관련 그림

글자로 옮기기

'ㅂ'자 연습

'ㅂ'자 연습

---

10) 안수영, 최나영, 임대호, 정문기, 조명숙 선생님 수업자료

■ 'ㅅ'자 익히기

'ㅅ'관련 그림

글자로 옮기기

'ㅅ'자 연습

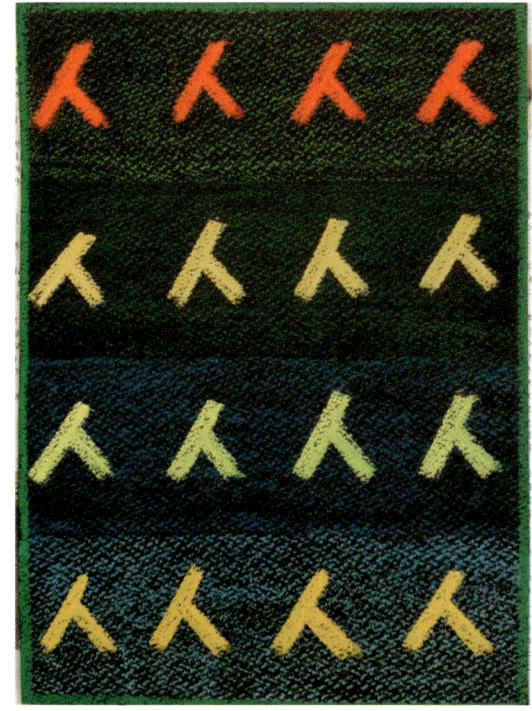

'ㅅ'자 연습

◼ 'ㅢ'자 익히기

'ㅢ'관련 그림

글자로 옮기기

'ㅢ'자 연습

'ㅢ'자 연습

◨ 'ㅜ' 글자 익히기

'ㅜ'관련 그림

글자로 옮기기

'ㅜ'자 연습

'ㅜ'자 연습

■ 'ㅜ' 글자 익히기-2 [10-1]

ㅜ'관련 그림

글자로 옮기기

ㅜ'자 연습

ㅜ'자 연습

10-1) 같은 'ㅜ'자라 해도 담임교사가 따라 각각 다른 관련 그림을 찾아서 가르칠 수가 있기 때문에 얼마든지 창의성을 발휘할 수 있다.

형태그리기(Formenzeichnen) | 131

'ㄹ'관련 그림

글자로 옮기기

'ㄹ'자 연습

'ㄹ'자 연습

7. 일년내내 전시해 놓는다.

교실 앞쪽 칠판과 천장 사이 공간이나 복도 쪽 옆 창문이나 뒤편 환경구성이란 위에 공간에 B4나 A4로 그려놓은 글자와 숫자를 걸어 놓는다. 하나하나 늘어날 때마다 아이들은 기대감이 충만하고, 학년말에 가서는 큰 성취감을 얻게 된다. 더구나 눈앞에 글자와 숫자가 보이기 때문에 자연스럽게 익히게 된다.

8. 어떤 이야기를 아이들에게 들려주어야 할까?

◼ 발달단계에 맞는 이야기 [11]

이 나이 아이들은 세상을 자욱한 안개처럼 바라본다. 그래서 의지할 대상이 필요하고 보호를 받아야 한다. 물론 더 어린아이들은 말할 것도 없다. 그래서 이 아이들은 세상에 대해서 늘 꿈을 꾼다. 꿈을 꾸면서 안개가 조금씩 걷히면서 서서히 자신의 존재를 세상에 내놓게 된다. 또한 이 아이들은 '나'를 중심으로 세상을 바라본다. 자기 심이라고 할 수 있는 주관적인 힘이 크게 작용하는 시기다. 한편으로는 아직 세상을 보는 힘은 커지지 않았다는 것을 뜻한다. 8살 전까지는 아이들은 보이는 대로 세상을 보고, 그림을 그린다고 해도 보는 대로 그대로 그린다. 그렇다고 사실대로 그리는 것이 아니고 아이들 자신들 수준에서 느끼고 본 것을 쓰거나 그린다. 8살 이전 아이들이 그린 그림은 마치 추상화 같기도 하다. 그래서 어떤 부모는 '그림을 왜 이렇게 그렸어!'하고 야단을 치기도 하는데, 아직은 세상이 구체적으로 다가오지 않기 때문에 있는 그대로 느끼는 그대로 그리는 것이다. 또한 교사(부모)가 제시한 그림을 따라 그려도 비슷하지 않은 것도 세상에 대해서 제대로 인식하지 않기 때문이다. 그래서 이 시기 아이들에게 가장 좋은 이야기는 시간과 공간을 뛰어넘는 옛이야기가 중심이 되어야 한다. 그렇다고 창작 동화를 권하는 것은 아니다. 요즘 옛날이야기 책들 가운데 글쓴이가 우리 시대 사람들이 있는데 이것도 권할 것이 안 된다. 오로지 옛날부터 입에서 입으로 전해 내려오는 이야기를 말해 왔다. 옛이야기와 창작 동화는 이야기가 가지고 있는 정신적 가치에 많은 차이가 있다. 옛이야기는 우리 현대인이 알지 못하고 정신적인 그 이상의 것이 담겨 있어서 1학년 이하 아이들에게 알맞다.

더구나 옛이야기는 나이를 뛰어넘어 많은 사람에게 사랑받았지만, 내용이 상투적이며 지나치게 현실적인지 않다는 이유로 여러 사람에게 비판받아 오기도 했다. 약자와 강자가 싸우면 약자가 늘 이긴다는 것과 외모가 아름다우면 성격도 착하며 외모가 못생기면 성격도 나쁘다는 것 따위들이 그 이유이다. 옛이야기의 이러한 구성 때문에 읽는 사람은 현실과 다른 헛된 꿈만 꾸거나 인물에 대해 편견을 가질 수 있다는 것이다. 이러한 이유로 옛이야기가 많은 비판을 받지만, 여전히 많은 사람에게 사랑받고 있는 이유는 뭘까? 바로 옛이야기는 어린이들의 세계, 즉 꿈과 희망이 담겨 있으며 아이들은 본능으로 새로운 사실과 미지의 세계에 강한 호기심을 가지고 있어서 이러한 본능 호기심을 충족시킬 수 있는 것이 동화이기에 즐기는 것이 아닐까? 괴테도 '인생사는 법칙을 자신이 어렸을 때 읽던 동화에서 배웠다'라고[12] 하였다. 그만큼 우리 아이들이 자라는데 옛이야기와 우화는 자양분이다. 그래서 함부로 아무 이야기나 들려주어서는 안 되고 발달단계에 맞는 내용을 들려주어야 한다.

그렇다면 1학년 아이들에게는 어떤 옛이야기를 들려주는 것이 좋을까? 우리 나라든 외국 동화든 이야기 속에 아래와 같은 내용이 담겨 있는 것을 골라서 들려주어야 한다. 예로 들면 우리나라 옛이야기 가운데 '초롱불 아이'의 경우 7-8살 아이들에게 들려주면 좋은 모험 이야기이며, 문화 인류사적인 의미가 담겨져 있다. 바로 '불'이다. 자기 자신의 희생과 노력으로 다른 사람에게 도움을 주는 내용이어서 아이들에게 들려주면 무척 좋을 이야기다. 이야기의 구성이 앞에서 뒤로 다시 뒤에서 앞으로 한 번 더 훑게 되어 있다. 또한 '해와 달이 된 오누이'의 경우는 여기에 나오는 호랑이는 악이긴 하지만 절대 악은 아니라는 것. 오누이가 저 세계로 돌아갈 수 있도록 도움을 준 존재라는 것이다. 이 이야기는 아이들이 자신들이 이 세상에 내려오기 전에 있었던 세계에 대해 동경하게 해주고 해와 달이 되어 다시 이 땅에 내려오도록 준비하는 모습을 담고 있다. 아이들은 이야기 속에서 어머니가 죽어 슬프다는 것을 기억하는 것이 아니라 오누이에게 온통 마음이 쏠려 오누이들의 행적만을 기억하게 되는 것으로 두 오누이가 하늘로 올라간 것은 죽음을 뜻하는 것이 결코 아니라는 것이다.

---

11) 추천하면 좋은지에 대해서 '아이들이 살아있는 교육과정(물병자리 출판사)에 자세히 소개해 놓았음.
12) 하지현:행복한 아이, 지혜로운 아이로 키우는 전래동화 속의 비밀코드 · (주)살림출판사 2005. 49

외국 동화에서 '라푼젤'의 경우는 초롱불 아이는 우리(문화 인류사적 이야기), 해와 달이 된 오누이는 너를, 라푼젤은 내 개인 이야기라는 점이다. 그렇다고 동화가 좋고 다 나쁘다는 관점은 아니다. 동화 속에는 흔히 마녀가 나오는데 그 의미가 깊고 요술쟁이와는 차이가 크다는 점이다. 또한 페미니스트의 관점으로 절대 마녀를 바라봐선 안 되고 아이들의 처지에서 생각할 수 있도록 노력해야 한다는 것이다.

'그림 형제' 동화집에서 200편 이야기가 있는데, 이 가운데 55편 정도가 위에 말한 내용이 담겨 있다.[13] ' 우리나라 옛이야기에서도 괜찮은 것들이 있는데, '임금님 귀는 당나귀 귀', '팥죽할멈과 호랑이', '요술 항아리' '재주 많은 일곱 쌍둥이' '바리데기, '지혜로운 아들', '삼년고개' 들을 중심으로 해서 들려주면 좋다.

■ 이야기를 칠판그림으로

옛이야기에서도 전체 내용을 다 그리는 것이 아니라 상징적인 한 장면을 그린다. 물론 세밀하게 그릴 필요는 없다. 또한 이 시기 아이들은 글자와 수를 익히게 되는데, 개념과 기호보다는 그림으로 익히도록 해야 한다. 그러기 위해서는 칠판 그림이 가장 효과가 있다.

아래 그림을 글자 익히기 수업을 위해 옛이야기 그림형제 동화에서 '헨젤과 크레텔'이다. 'ㅔ'모음을 지도하기 위한 자료로 그린 것이다.'헨젤과 크레텔'에서 마녀집에 있는 과자 하나하나의 모양이나 지붕에 있는 기와 모양 하나하나를 보여줄 필요는 없다. 마녀집 분위기에서 느껴지는 색깔은 아이들에게 '헨젤과 크레텔'을 경험하기에 충분하다. 이것은 아이들이 자유롭게 마녀집의 모습을 그릴 수가 있다.

또한 이 그림에서는 이 시기 아이들 발달단계에 맞게 여러 가지 색들을 쓰기보다는 다채로운 색이 아닌 색의 원색을 중심으로 그렸다. 최대한 단순하면서도 최소의 색으로 그리는 것이 좋은데 이는 아직 사고가 발달하지 않는 아이들에게 편안하게 다가오기 때문입니다. 아직 아이들이 세분화되지 않았기 때문에 색의 쓰임도 세분화시킬 필요가 없다. 전체에서 부분으로 점차 나가면서 즉 학년이 올라가면서 색도 다양해지고 그림도 점점 자세히 그리게 된다.

---

13) 아이들이 살아있는 교육과정(물병자리)에 자세히 소개해 놓았음.

충남 강민정 선생님 수업자료[14]

---

14) 충남 강민정 선생님 수업자료

이 칠판 그림에서 숲속 나무들을 파랑으로 표현한 것은 차가움과 을씨년스러운 분위기를 나타내기 위해서다. 물론 계절에 따라 초록색으로 표현할 수도 있겠지만 이 장면 속을 상상해보면 따뜻함보다는 차가움을 주위 배경으로 표현하는 것이 이 이야기의 분위기를 훨씬 더 깊은 느낌을 줄 수 있다. 또한 땅도 회색에 가까운 색으로 표현한 것도 아이들을 숲속에 버려야 하는 메마른 부모의 인색함을 간접으로 표현해 줄 수 있다. 따라서 파랑과 회색, 그리고 잎이 다 떨어진 나무들 속에 걸어가는 두 아이의 모습은 왠지 불쌍한 생각이 들게 하는데, 이러한 느낌은 고스란히 이야기 속에 내용을 그대로 표현한 것이기 때문에 아이들도 이 그림을 보면서 교사가 들려주는 이야기에 한층 더 빠져들게 된다. 하지만 이런 칠판 그림 없이 이야기만 그것도 책 내용을 그대로 읽어준다면 아이들은 이야기에 대한 흥미가 그리 크지 않다. 따라서 칠판그림은 이야기라는 음식물이 우리 몸에서 소화가 더 잘 될 수 있도록 도와주는 위액과도 같다.

 1학년 아이들이 글씨를 배울 때 그려지는 칠판 그림들은 글자나 옛이야기 경우 가능하면 밝은색을 중심으로 쓰는 것이 좋다. 예를 들어 글씨를 노란색으로 쓸 때 노랑의 순수하면서 따뜻한 느낌을 주기 때문에 글자를 익히고 글씨를 배우는 아이
들은 친숙하게 받아들인다. 노란색으로 글씨를 썼을 경우, 아이들은 글자 자체에 대한 느낌보다는 칠판에 그려진 글자도 그림이라는 생각으로 받아들이기 때문에 학습의 효과가 높다. 더구나 검정과 선명한 노랑이 명도 대비는 집중하는 데 많은 도움이 된다. 길거리 아스팔트 위에 노란색을 칠해 놓은 것과 같은 이치다.

♥ 'ㄲ'자 관련 <일곱 형제와 까마귀>[15]

---
15) 자음과 모음에 관련된 글자에 대해서는 정해진 것이 없다. 옛이야기에서 관련 글자가 있는지를 살펴보고 가르치면 된다. 아울러 칠판 그림 관련 연수를 희망하면 충남 홍성발도르프교육연구회와 경남 창원발도르프교육연구회에 문의하면 됨. 이 그림은 연필색연필로 그렸음.

♥ 'ㅃ'자 관련 있는 <빨간 모자와 늑대>

♥ 'ㅅ' 자와 관련 있는 <신데렐라>

♥ 'ㄱ' 자와 관련 있는 <개구리 왕자>

♥ 'ㅋ' 자와 관련 있는 <콩쥐팥쥐>

♥'ㅟ' 자와 관련 있는 <황금 거위>

♥'ㅓ' 자와 관련 있는 <어부와 어부 아내>

♥ 'ㄹ' 자와 관련 있는 <라푼젤>

♥ 'ㄷ' 자와 관련 있는 <당나귀 왕자>

♥ 'ㅡ' 자와 관련 있는 <오누이>

♥ 'ㅐ' 자와 관련 있는 <백설 공주와 일곱 난쟁이>

♥ 'ㅘ' 자와 관련 있는 <황금새>

♥ 'ㅅ' 자와 관련 있는 <잠자는 숲속의 공주>

9. 띄어쓰기는 글자 사이에 *표시를 한다.

*는 눈이라고 말한다. 눈이 오면 세상에 동물, 나무, 사람도 쉬어야 해서 이렇게 표시한다고, 그러면 아이들은 자연히 띄어쓰기를 익히게 된다. 3학년에 올라서는 *을 표시 안 해도 글자 사이를 띄우는 것을 알게 된다. 이 시기 아이들에게 너무 일찍 기호로 된 문장부호를 가르치는 것은 좋지 않다.

충남 강민정 선생님 수업자료[16]

---

16) 충남 강민정 선생님 수업자료

10. 낱말도 그림으로 가르친다.

낱자를 다 가르쳤으면, 이제부터는 낱말도 그림으로 가르치면 아이들은 쉽게 익힌다. 낱자와 달리 낱말은 하루에 3~5개씩 가르친다.

11. 관련된 낱말 찾기

■ 그림을 먼저 그리고서 관련 낱말들을 찾는다.

전북 조명숙 선생님 수업자료[17]

---
17) 전북 조명숙 선생님 수업자료.

12. 그림으로 그린 시간표

전북 문공주 선생님, 천안 조현민 선생님 1학년 수업 자료.[18]

---

18) 전북 문공주 선생님, 천안 조현민 선생님 1학년 수업 자료.

13. 책읽기 교육은 이렇게 하면 좋다.[19]

■ '브레멘 음악대' 칠판 그림(교사)

■ 아이들 그림

---
19) 담임선생님이 칠판에 옛이야기 가운데 한 장면을 칠판그림으로 그렸다면, 아이들은 이것을 종합장(A4)이나 스케치북에 그린다. 국어 수업에서 진행되는 것이라 따로 책읽기(독서) 시간을 마련할 필요도 것도. 책읽고 나서 활동에 대해서 굳이 고민할 필요도 없다. 그야말로 1석 2조가 아니고 4조다.

14. 글자 익히기 결론은 그림에서 시작해서 익히게 해야 한다.

▣ 사물의 형태에서 찾아

▣ 낱말로 완성한다.

▣ 이 모든 과정이 전체에서 부분으로 같은 '산'이라고 해도 맨위에 있는 것은 낱자로 배우게 되고, 아래 것은 낱말로 배우게 된다.

▣ 1학기 중간까지 사물의 형태에서 글자를 찾고, 1학기말까지는 이것을 글자로 연결해서 완성하는 과정을 거치면 아이들은 글자를 제대로 익힐 수 있다. 그렇게 되면 2학기부터는 문장을 익힐 수가 있게 된다.

15. 글자 따라 쓰기 연습하기 [20]

---
20) 아이들 쉽게 글자를 쓸 수 있도록 만든 글씨 연습장이다. 이것을 참고로해서 선생님들 나름대로 아름답고 예쁜 색깔있는 연습장을 만들어서 아이들에게 주면 좋다.

4부. 그림으로 가르치는 수학 수업[1]

1. 정신성을 가르쳐야 한다.

이 책에서는 숫자 1에서부터 12까지 어떻게 가르치고 배우게 하는지에 대한 내용을 자세히 소개해 놓았다. 5일 동안 숫자 하나씩을 천천히 가르치면 좋겠지만, 진도를 나가야 하는 현실에서 교육과정을 재구성을 하는 것이 쉽지는 않다. 그래서 최소한 이것만은 가르칠 수 있는 내용을 소개해 놓았다. 글자나 숫자에는 본디 정신성이 담겨져 있는데 이것을 고스란히 녹여 내면 좋다.

수학 공부시간에 '숫자'에 대해서 공부를 할 때도 숫자 하나하나에는 각각의 뜻이 담겨 있기 때문에 단순히 개념적인 접근보다는 '왜 이렇게 되는지?'에 대한 이해를 돕는 것으로 수업을 그려나가야 한다. 그래야만 아이들이 기초부터 차근히 다져나갈 수 있다. '수' 하나를 배우는데 최소한 5일이라는 시간이 걸린다. 하지만 아쉽게도 교과서에서는 이렇게 여유 있게 기다려주지 않고 있다. 대강의 개념만 소개할 뿐 그 원리나 그 속에 담고 있는 정신성에 대해서는 전혀 관심이 없다. 하루에 숫자 하나를 배우는 것도 이 시기 1학년 아이들에게는 힘들 수 있는데, 하루에 서너 개씩 그것도 "이것은 5야!""5는 이렇게 쓰는 거란다"식으로 단순히 지식 전달 수준에 그치고 있다. 더구나 아이들이 이미 다 알고 있다고 생각하고 있는데, 이것 역시 아주 위험하다. 유치원이나 어린이집에서 설사 배워서 알고 있다고 하더라도 거기서 배운 것은 단순 암기식 수업이기 때문에 '숫자'가 얼마나 위대한 지에 대해서 또한 이에 대해서 정확한 가르침을 담임교사의 능력으로 보여주거나 들려주어야 한다. 그래서 아이들로 하여금 세상에는 우리들이 알지 못하는 것이 이렇게 많고 배워야 한다는 것을 마음을 갖게 해주어야 한다,

또한 이 책에서는 아이들이 수학에 대해서 흥미를 가질 수 있도록 칠판그림으로 예시자료를 소개해 놓았다. 그대로 칠판에 그려 가면서 수업을 해도 된다. 칠판에 그림을 그려가면서 수학 수업을 하는 것과 단순히 말로만 수업하는 것과는 큰 차이가 있다. 학생이해 또는 배움중심 수업을 생각한다면 칠판그림을 그려야 한다. 그래야만 이 시기 아이들이 제대로 배우게 된다. 물론 여기에 소개한 예시 자료들은 본보기일뿐 교사자신이 나름대로 창의성을 발휘해서 더 멋지고 아름다운 칠판그림을 그려가면서 수업을 하면 좋다. 아이들의 상상력을 자극하는 칠판그림 수업. 어설프더라도 시작이 중요하다. 부족하면 부족한대로 꾸준한 자기연습을 해오는 순간 교사자신은 어느새 '성장'을 해가고 있다. 좋은 수업은 주어지는 것이 아니고 만들어가는 것이기 때문에 의지와 열정만 있다면 누구든지 얼마든지 해낼 수 있다.

＜콩주머니와 강낭콩＞

---

[1] 자세한 내용은 '아이들이 살아있는 교육과정'(물병자리)에 소개했다. 여기서는 단원별로 핵심이 되는 내용을 맛보기로 소개하고자 한다.

2. 그림으로 그리는 숫자[2]

■ 9까지의 수[3]

[숫자1]에 대해서

1은 모든 숫자에서 처음이라는 것. 세상에서 가장 큰 숫자라는 것. 신도 유일신, 태양도 하나, 달도 하나, 지구도 하나, 나도 하나라는 것.

---

2) 한국발도르프교육학교연대 회원으로 '그림으로 배우는 초등 1-2학년 수학교과서'에 참여했던 선생님들이 작업한 수업자료.
3) 2015 교육과정 수학 초등 1학년 교과서

◐ **숫자나라 여행**[4]

---
4) 칠판그림으로 숫자나라에 대한 이야기를 가지고 1-9까지 배우게 하면 좋다. 이야기는 담임교사가 나름대로 구성해서 들려주면 된다.

◐ 수를 써 볼까요

3. 덧셈과 뺄셈
◐ 모으기와 가르기를 해 볼까요

4. 비교하기
◐ 어느 것이 더 길까요

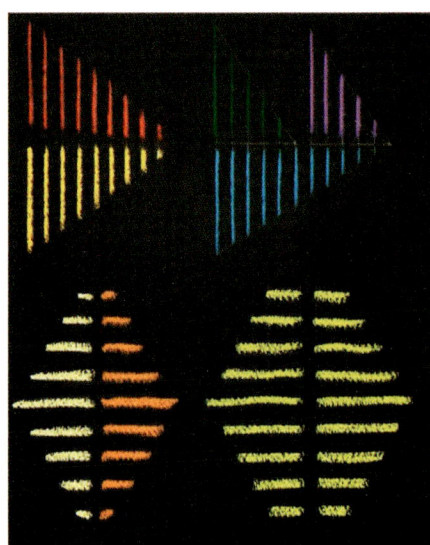

◐ 50까지 수

5. 여러 가지 도형
◐ 여러 가지 모양을 찾을 수 있어요

*이 단원을 시작할 때 아이들의 상상력을 자극하기 위해 마치 하늘에서 '도형눈'이 내리는 모습을 칠판그림으로 그린다.

6. 덧셈과 뺄셈
◐ 덧셈을 할 수 있어요(1),(3)

◐ 덧셈을 할 수 있어요(3),(4)

◐ 아카시아 이파리를 이용한 뺄셈공부

※ 산책활동 시간에 뺄셈 공부를!
'아카시아' 잎을 이용해서 예를들어 13개 이파리가 있는데 이 가운데 3개를 떼내면 몇 개가 남을까요? 아이들에게 3개를 떼내라고 하면 몇 개가 남았는지를 함께 세본다. 그리고나서 함께 몇 개가 남았는지 말한다. 또는 5개가 남아있는데 이파리 몇 개를 떼어냈을까요?

7. 시계
◐ 몇 시 30분을 알 수 있어요

8. 덧셈과 뺄셈
◐ 10을 두 수로 가를 수 있어요

◐ 10이 되도록 두 수를 모을 수 있어요

◐ 10이 되도록 더하기를 할 수 있어요(교과서 148-149쪽)[5]

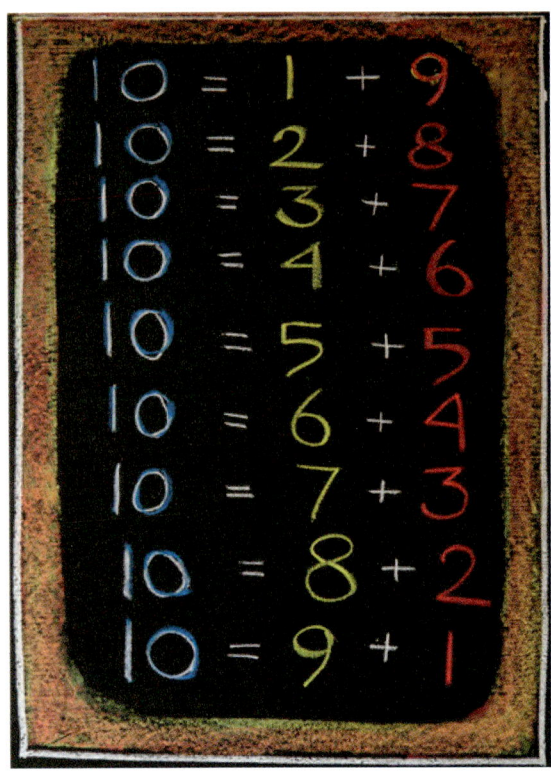 

---
[5] 아이들의 유연한 연산기능을 강화시키기 위해서는 가르기를 먼저 가르치고 모으기를 그 다음에 가르쳐야 한다. 전체에서 부분으로 쪼개지는 것을 알게 해야 한다.

◐ 10에서 빼기를 할 수 있어요(교과서 150-151쪽)

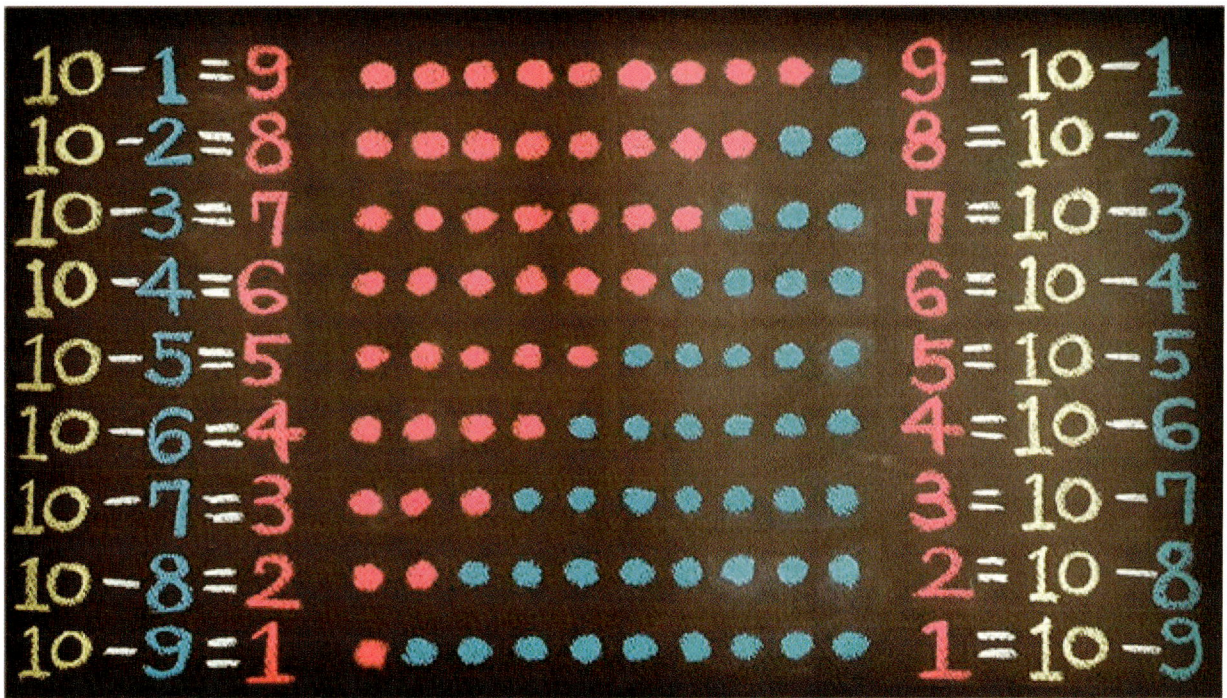

◐ 세 수를 더할 수 있어요(2)

◑ 덧셈을 할 수 있어요(1)

◑ 10이 넘는 수를 더하기 할 때

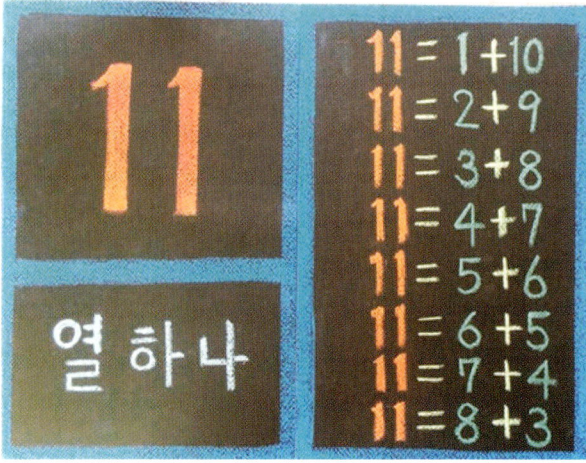
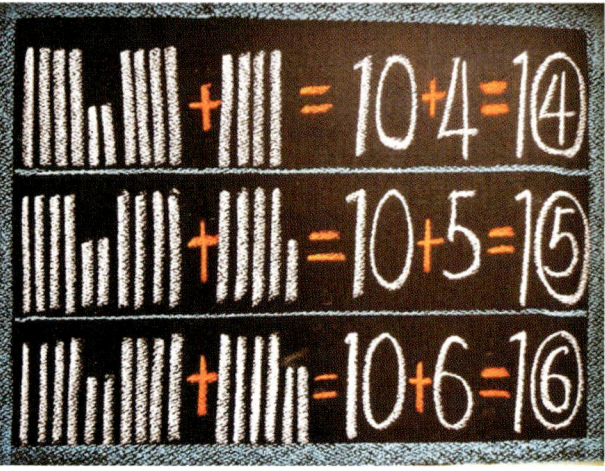

◐ 덧셈을 할 수 있어요(2)

※ 칠판그림에 이런 그림을 그려 놓고 아이들이 공책에 따라 문제를 쓰고 풀도록 한다. 교과서나 수학익힘에 의존하는 것보다는 수업이 활기차며, 이때 콩을 이용해서 계산을 하게 한다. 수행평가는 공책을 거두어서 아이들이 제대로 풀었는지 어떤 문제에 어려움이 있는지를 살펴보고 이에 대해서 '학생수업관찰 누계표'에 기록해 두면 된다.

9. 규칙 찾기

10. 주사위로 수와 셈하기 익히기

◐ **주사위로 숫자 익히기**

▫ 준비물 : 주사위 1개, 모눈종이(칸은 1.5cm×1.5cm), 굵은 연필색연필 또는 막대 크레용
▫ 방법
 - 두 사람이 가위, 바위, 보로 차례를 정한다.
 - 차례가 정해졌으면 이긴 사람이 먼저 주사위를 던져서 나오는 숫자를 자기 모눈종이에 칠한다.
 - '3'이 나왔을 경우, 3칸만큼 색깔별로 색칠을 한다.

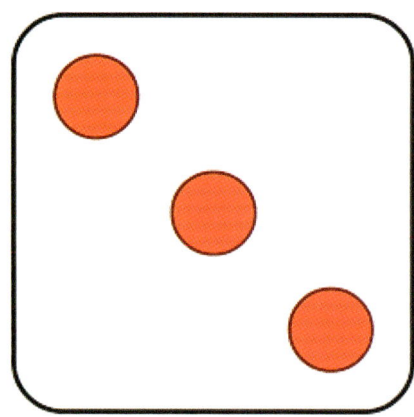

 - 전체 모눈종이를 다 칠한 사람이 있으면 놀이는 끝난다.

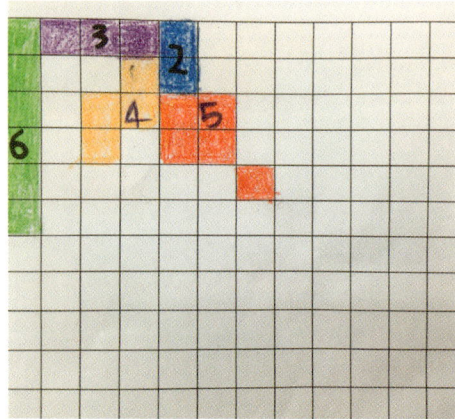

형태그리기(Formenzeichnen) | 163

◐ **주사위를 이용한 덧셈 익히기**

☐ 준비물 : 주사위 2개, 모눈종이(칸은 1.5cm x 1.5cm), 굵은 연필색연필 또는 막대 크레용
☐ 방법
 - 두 사람이 가위, 바위, 보로 차례를 정한다.
 - 차례가 정해졌으면 이긴 사람이 먼저 주사위를 2개를 던져서 나오는 숫자 합을 자기 모눈종이에 칠한다.
 - '6과 3'이 나왔을 경우, 9칸만큼 색깔별로 색칠을 한다.

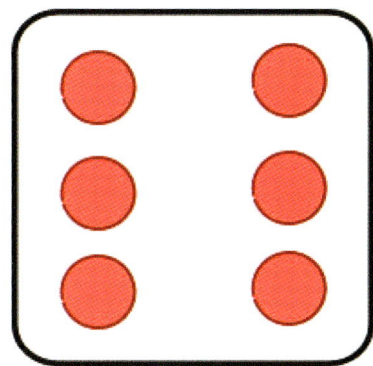 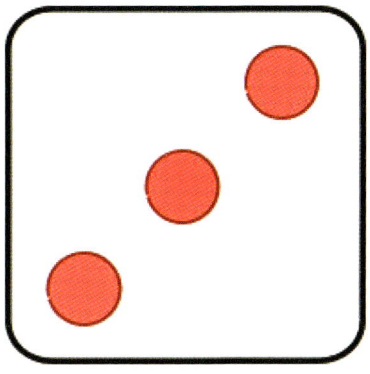

9=6+3

- 전체 모눈종이를 다 칠한 사람이 있으면 놀이는 끝난다.

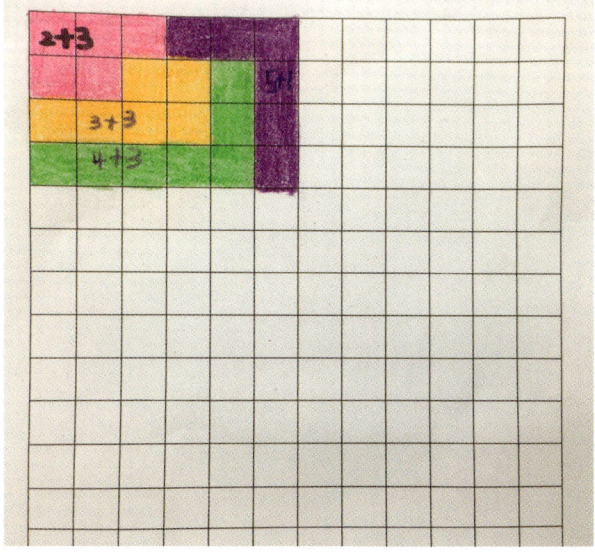

◐ **주사위를 이용한 뺄셈 익히기**

☐ 준비물 : 주사위 2개, 모눈종이(칸은 1.5cm x 1.5cm), 굵은 연필색연필 또는 막대 크레용
☐ 방법
 - 두 사람이 가위, 바위, 보로 차례를 정한다.
 - 차례가 정해졌으면 이긴 사람이 먼저 주사위를 2개를 던져서 나오는 숫자 합을 자기 모눈종이에 칠한다.
 - '5과 2'가 나왔을 경우, 3칸만큼 색깔별로 색칠을 한다.

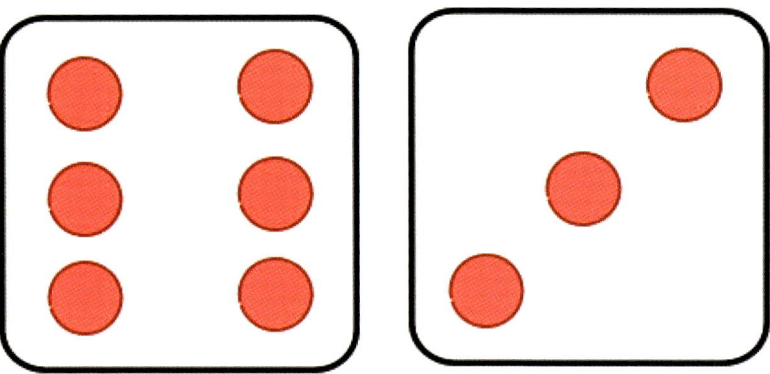

3=5-2

- 전체 모눈종이를 다 칠한 사람이 있으면 놀이는 끝난다.

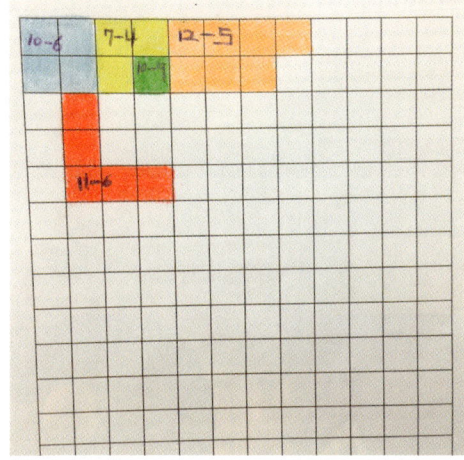

◐ 9=6+3과 3=5-2 계산 방식을 충분히 연습했다면, 다음으로 6+3=9, 5-2=3 계산 방식을 같은 방법으로 주사위를 가지고 모눈종이에 그리는 놀이를 한다. 아이들이 이 계산 방식을 이용할 경우, 훨씬 더 호기심을 가지고 셈하기에 빠져든다. 자세한 내용은 <아이들이 살아있는 교육과정> 책을 참고함.

◐ 10이상 셈하기에 대해서 다면체 주사위를 이용하면 손쉽게 할 수 있다.

5부. 리듬활동으로 익히는 수학 공부

◼ 인사 나누기 리듬활동

1. 원으로 선다.

<인원이 적을 경우>   <인원이 15명 이상일 경우>

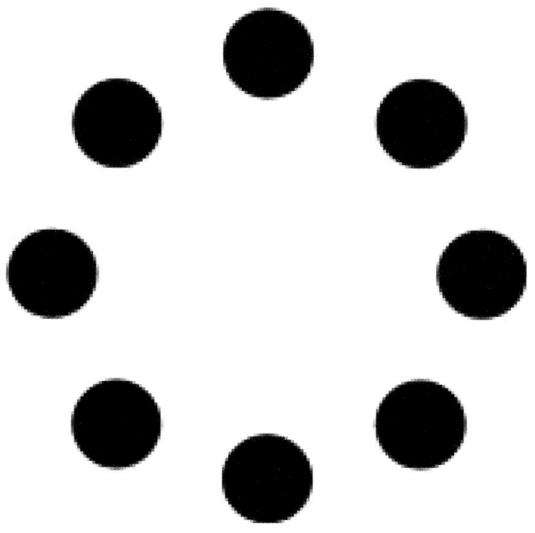
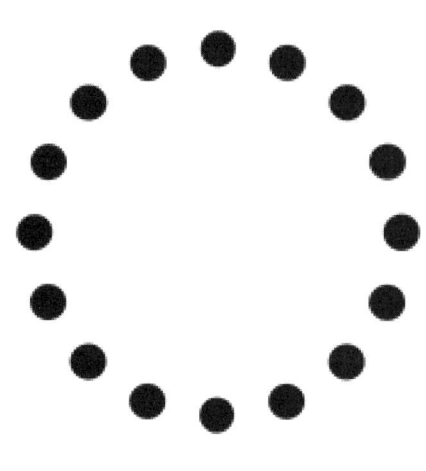

※ 선생님은 가운데 선다.

2. 방법

 가. 1-7까지 손뼉치기로 교사가 먼저 치면,
    아이들도 따라서 1에서 7까지 손뼉을 친다.
 나. 교사가 한 번 치면, 아이들이 두 번 치고,
    교사가 세 번 치면, 아이들은 네 번 치고,
    교사가 다섯 번 치면, 아이들은 여섯 치고,
    교사 일곱 번 치면, 아이들은 일곱 번 치고,
    교사는 여섯 번 치고, 아이들이 다섯 번 치면,
    교사는 네 번치고, 아이들이 세 번 치면,
    교사는 두 번 치고, 아이들이 한 번치는 것으로 마무리한다.
 다. 발구르기도 같은 방법으로 진행한다.
 라. 손뼉과 발구르기를 함께 진행한다.

▣ 1에서 5까지 손뼉을 이용한 리듬활동
1. 원으로 선다.

<인원이 적을 경우>   <인원이 15명 이상일 경우>

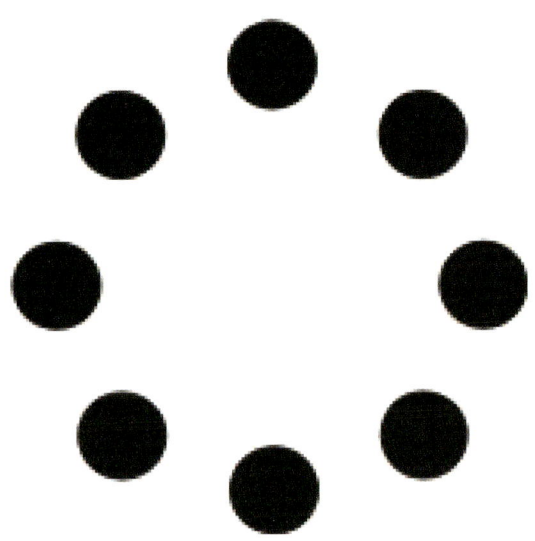 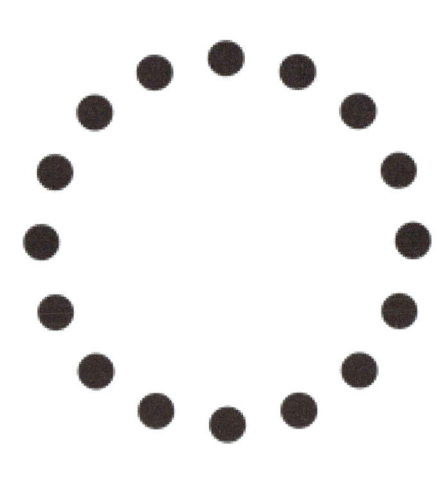

※선생님은 가운데 선다.

가. 방법-1
    <입으로>   <손으로>

'하나'

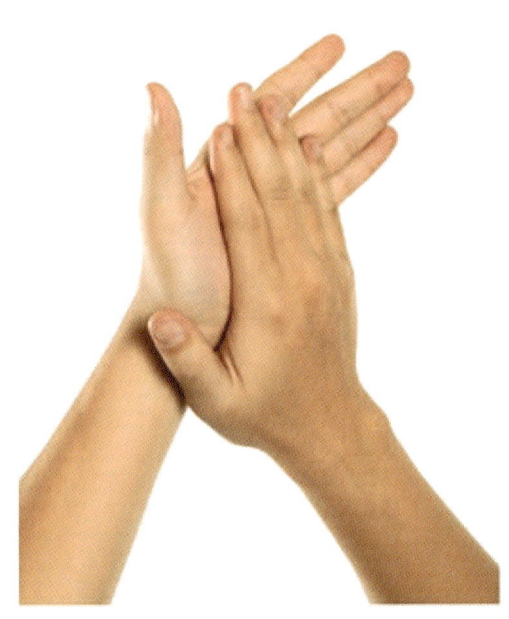

1) 제자리에서 먼저 말로 '하나' 라고 하고 나서 손뼉을 한번 친다.
2) 오른쪽 방향으로 진행한다. 다음 사람도 1) 방법처럼 한다.
3) 그 다음 사람도 1), 2) 방법처럼 한다.

나. 방법-2
'둘' '셋' '넷' '다섯'도 이와 같은 방법으로 진행한다.

다. 쓰기는 이렇게
만약에 초등 1학년 수학시간과 연계해서 한다면 숫자 쓰기는 가장 나중에 한다. 앞에서 온몸으로 리듬활동을 충분히 익혔다면, 교사는 칠판에 숫자를 크게 써놓는다. 그리고 나서 팔동작을 이용해서 공중에다가 함께 써보는 활동을 수차례 되풀이 한다. 그런다음에 아이들이 공책에 쓰게 한다. 칠판에 숫자를 쓸 때는 아주 크게 쓰는 것이 좋다. 또한 색깔로 아름답게 꾸며놓으면 더욱 좋다. 아이들이 큰 숫자(글자)를 보고 쓸 경우, 마치 숫자속으로 자신이 들어가는 느낌을 가지게 된다.

라. 일러두기
초등 1학년 아이들에게 처음부터 1에서 10까지 수 읽기를 진행하는 것은 무리가 있다. 1-5까지 충분히 연습을 하는 것이 좋다. 충분히 되풀이과정을 해 본 다음에 숫자를 하나씩 늘려나가는 것이 좋다. 최소한 4주정도 하는 것이 좋다.

■ 이어나가기 활동
가. 1에서 5까지 활동
나. 방법 : 원을 만들고 선다.

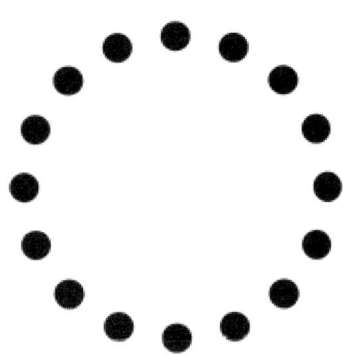

1) 원으로 선 다음에 교사가 가. 방법-1처럼 하고나서 오른쪽 다음 사람은 '둘'이라고 말하고 손뼉을 두 번 친다.
2) 그 다음은 사람은 '셋'이라고 하고 손뼉을 세 번 친다. 네 번째 사람은 '넷'이라고 하고 네 번 친다. 다섯 번째 사람은 '다섯'이라고 하고 손뼉을 다섯 번 친다. 그 다음 사람은 다시 '하나'라고 하고 손뼉을 한번 친다.
3) 처음에는 1-5까지만 하는데 5까지 했으면 다시 1부터 5까지 이어나간다. 물론 아이들 인원수에 따라서 되풀이해서 길어질 수도 있고, 짧을 수도 있다.
4) 아이들이 많고 적음에 따라 차이가 있으나 중요한 것은 골고루 모두가 활동을 할 수 있도록 기회를 준다. 이 과정에서 아이들은 자신뿐만 아니라 다른 아이들이 하는 행동이나 말하는 것을 듣게 됨으로 수세기에 대한 되풀이 학습을 자연스럽게 한다.
5) 한쪽 방향이 익숙해지면 진행 방향을 바꾸어서 한다. 오늘 오른쪽으로 시작했으면, 내일은 왼쪽으로 시작하면 아이들은 더 흥미로워 한다.

1. 6부터 10까지 활동
 가. 방법은 앞에서 소개한 것과 같은데, 1-5까지, 1-6까지, 1-7까지, 1-8까지, 1-9까지, 1-10까지 기본 활동과 이어나가기 활동을 하나씩 늘려나간다. 주의할 점은 초등 1학년 과정의 기본 핵심은 '수세기와 셈하기'라는 점. 이에 맞게 아이들이 온몸으로 익힐 수 있도록 날마다 되풀이 활동을 하는 것이 필요하다. 한꺼번에 많은 것을 하거나 한두 번 해보는 것은 바람직한 방법이 아니다. 그렇기 때문에 초등 1학년 수학 교과서를 학급 아이들의 특성에 맞게 재구성해서 천천히 나가는 것이 좋다.
나. 진행 방향을 바꾸어서 한다. 오늘 오른쪽으로 시작했으면, 내일은 왼쪽으로 시작하면 아이들은 더 흥미로워 한다.

2. 쓰기는 이렇게

 이 과정도 앞에서 제시한 것과 같은 방법으로 진행한다.

▣ **1에서 5까지 발을 이용한 리듬활동**

1. 1에서 5까지 이어나가기 활동
2. 방법 : 원을 만들고 선다.

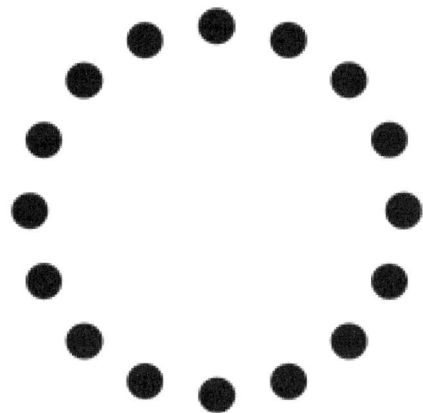

 가. 원을 선 다음에 교사가 먼저 '하나'를 말하는 동시에 왼발을 구른다. 그 다음 '둘' 하면서 오른발을 구른다. 그런 다음 오른쪽에 있는 사람이 '셋'을 말하는 동시에 왼발을 구른다. 그 다음 '넷'하면서 오른발을 구른다.

 나. 세 번째 있는 사람은 '다섯'하면서 왼발을 구른 다음, 다시 '하나' 하면서 오른발을 구른다. 네 번째 있는 사람은 '둘'을 말한다.

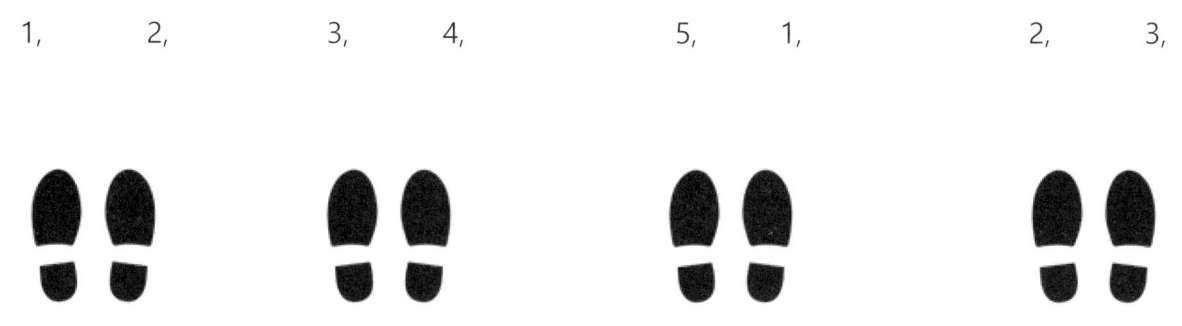

이렇게 1-5까지 숫자를 이어나간다. 학급 아이들이 많은 경우는 모든 아이들이 다 할 수 있도록 한다. 인원이 적을 경우라도 두세 번 이어나가는 활동을 해보는 것도 좋다.

3. 6부터 10까지 활동

가. 2-1)에서 소개한 것과 같은 방법으로 진행한다. 1-5까지, 1-6까지, 1-7까지, 1-8까지, 1-9까지, 1-10까지 기본 활동과 이어나가기 활동을 하나씩 늘려나간다. 아이들 인원이 적은 학급의 경우는 숫자가 마무리될 때까지 차례가 오면 멈추지 않고 그대로 이어나간다.

나. 아이들이 지루함을 느낄 때쯤 진행 방향을 바꾸어서 한다. 오늘 오른쪽으로 시작했으면, 내일은 왼쪽으로 시작하면 아이들은 더 흥미로워 한다.

■ **손뼉과 발을 이용한 리듬활동**

1. 1에서 10까지 이어나가기 활동
2. 방법 : 원을 만들고 선다.

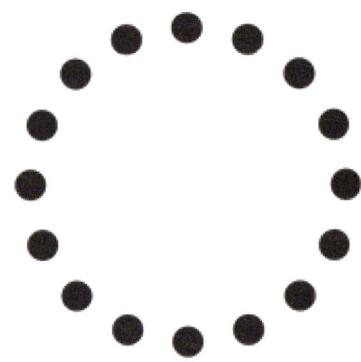

가. 원을 선 다음에 교사가 먼저 '하나'를 말하는 동시에 왼발을 구른다. 그 다음 '둘' 하면서 손뼉을 친다. 그 다음 '셋'하면서 오른발을 구른다. 그런 다음 오른쪽에 있는 사람이 '넷'을 말하는 동시에 왼발을 구른다. 그 다음 '다섯' 하면서 손뼉을 친다. 오른발을 구르면서 '여섯'이라고 말한다.

<왼발>   <손뼉>   <오른발>

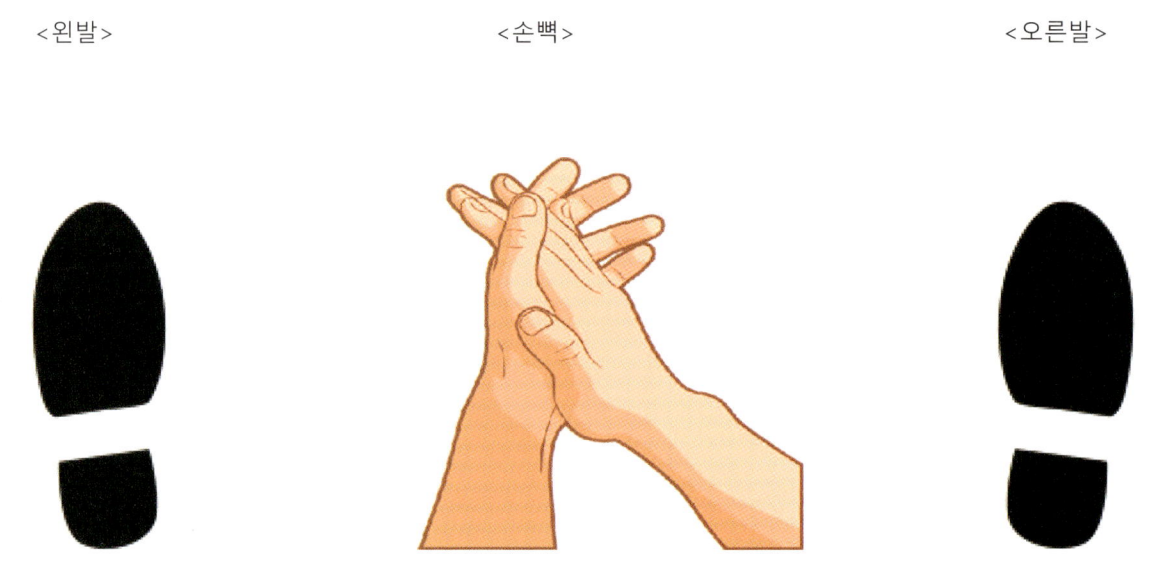

나. 세 번째 있는 사람은 '일곱'하면서 왼발을 구른 다음, 손뼉을 치면서 '여덟'이라고 하고, 그다음에 오른발을 구르면서 '아홉'이라고 한다. 네 번째 있는 사람은 왼발을 구르면서 '열'을 말하고, 손뼉을 치면서 다시 '하나'라고 하고, 오른발을 구르면서 '둘'이라고 말한다. 이렇게 다음 사람으로 1-10까지 세기를 이어나간다.

다. 이 과정은 앞에 '손뼉이나 발을 이용한 리듬활동'을 충분히 한 경우라면 아이들도 쉽게 따라 할 수 있다. 대략 5월쯤에 해보는 것이 좋다. 그런 다음에 숫자를 1-20까지, 1-50, 1-100까지도 점차 늘려가면서 해본다.

라. 진행 방향을 바꾸어 해보는 것도 아이들에게 또다른 즐거움을 준다.

마. 날마다 되풀이 되는 과정이라 아이들이 지루해 할 수 있는데, 이때 숫자를 하나씩 늘려나가도록 한다.

▣ 손뼉치기

1. 교사 : 아이들

교사

전체 아이들

2. 장소 : 교실
3. 방법
 가. 1-7까지 손뼉치기로 교사가 먼저 치면,
　　아이들도 따라서 1에서 7까지 손뼉을 친다.
 나. 교사가 한 번 치면, 아이들이 두 번 치고,
　　교사가 세 번 치면, 아이들은 네 번 치고,
　　교사가 다섯 번 치면, 아이들은 여섯 치고,
　　교사 일곱 번 치면, 아이들은 일곱 번 치고,
　　교사는 여섯 번 치고, 아이들이 다섯 번 치면,
　　교사는 네 번치고, 아이들이 세 번 치면,
　　교사는 두 번 치고, 아이들이 한 번치는 것으로 마무리한다.
 다. 발구르기도 같은 방법으로 진행한다.
 라. 손뼉과 발구르기를 함께 진행한다.

■ 발을 이용한 리듬활동

1. 1에서 3까지 되풀이하면서 이어나가기 활동
2. 방법 : 원을 만들고 선다.

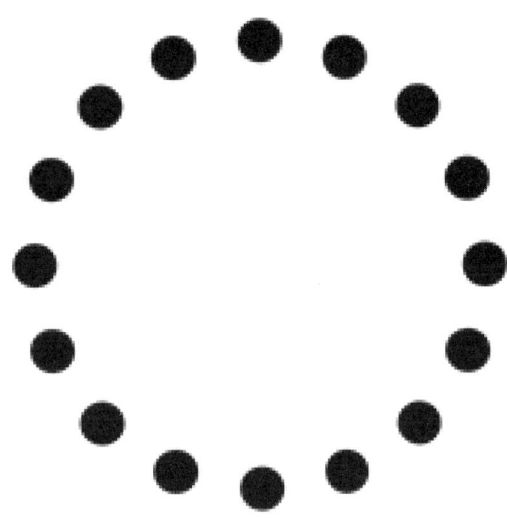

 가. 원을 선 다음에 교사가 먼저 '하나'를 말하는 동시에 왼발을 구른다. 그 다음 오른발을 구르면서 '둘' 외친다. 다음 사람이 왼발을 구르면서 동시에 '셋'을 외친다.
 나. 그다음 오른발을 구르면서 다시 '하나'라고 외친다. 다음 사람이 왼발을 구르면서 '둘'을 외치고 나서 오른발을 구르면서 '셋'이라고 외친다. 이렇게 1-2-3을 되풀이하면서 이어 나간다.

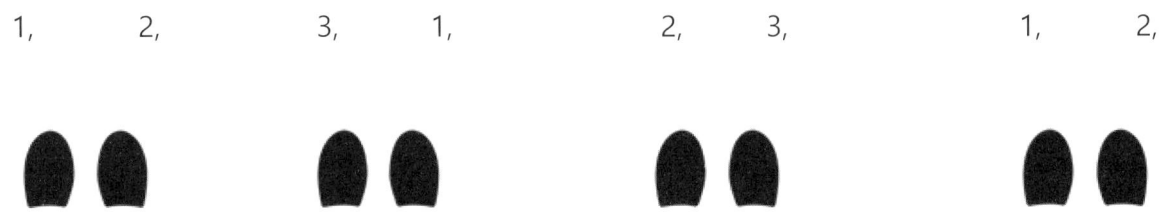

▣ 걸으면서 리듬활동 익히기-1

1. 대상 : 초등 1학년
2. 1에서 5까지 걸어가기
3. 방법

가. 아이들을 한줄 또는 인원이 많을 경우 3-4명씩 한 모둠으로해서 5-6줄로 서게 한다.

나. 오른발부터 한발씩 앞으로 내딛는다. 이때 '하나'라고 동시에 말한다.
  '하나' '둘' '셋' '넷'

다. '다섯'일 때는 껑충 뛰면서 두발을 모아서 '다섯'이라고 외친다.

라. 이때 여기서 끝나지 않고 다시 되돌아온다.

마. '다섯'에서 뒤로 껑충 뛰면서 두발을 모아서 '다섯' 외치면서 두, '넷, 셋, 둘, 하나'라고 말하면서 제자리로 돌아온다.

※. 일러두기

가. 리듬활동이 놀이와 다른 것 가운데 하나가 감았으면, 다시 풀어야 한다. 우리 전래놀이 가운데 '멍석말기'를 생각하면 쉽게 이해할 수 있다. 이 과정을 해야 아이들이 온전하게 온몸으로 느낄 수가 있다. 그렇지 않다면 일방통행 같이 느끼기 때문에 교육 효과가 덜하다.

나. 아이들이 적은 학급에서는 한명씩 차례로 해보게 한다. 그렇지 않고 학급 인원수가 20명이 넘는 경우는 3명 또는 4명씩 짝을 이루어 차례대로 한다. 차례를 기다리거나 다 끝낸 아이들은 친구가 하는 것을 옆에서 구경하도록 한다. 이때 아이들은 친구들의 활동을 보면서 되풀이 과정을 익히게 된다.

다. 처음부터 1에서 10까지 할 수도 있지만, 이 경우 아이들은 디구나 초등 1학년의 경우 숫자를 처음 익히는 아이들에게는 버겁게 느낀다. 그래서 1에서 5까지 시작하는 것이 좋은데, 이 역시 부담을 느끼지만 금방 익숙해진다. 그런다음 어느 정도 충분히 익혔으면 숫자를 점차 늘려 나가도록 한다.

◪ 걸으면서 리듬활동 익히기-2

1. 대상 : 초등 1학년
2. 1에서 10까지 걸어가기
3. 방법
 1단계 방법과 같은 방법으로 진행하면 된다.
 '하나, 둘, 셋, 넷, 다섯, 여섯, 일곱, 여덟, 아홉, 열!'
 '열, 아홉, 여덟, 일곱, 여섯, 다섯, 넷, 셋, 둘 하나!'

◪ 눈 감고 걸으면서 리듬활동 익히기-3

1. 대상 : 초등 1학년
2. 1에서 5까지 눈 감고 걸어가기와 1에서 10까지 눈 감고 걸어가기
3. 방법
 1단계와 2단계와 같은 방법으로 진행하나, 단지 눈을 감고 걸어간다는 그것이 차이다.
 가. '하나, 둘, 셋, 넷, 다섯!'
     '다섯, 넷, 셋, 둘 하나!'
 나. '하나, 둘, 셋, 넷, 다섯, 여섯, 일곱, 여덟, 아홉, 열!'
     '열, 아홉, 여덟, 일곱, 여섯, 다섯, 넷, 셋, 둘 하나!'

◨ 콩주머니 만들기

1. 크기 : 가로x세로 15cm
2. 무게 : 120g (초등 1학년과 2학년에 따라 +-10g 하면 된다.)
3. 내용물 : 결명자(볶은 것)
4. 재질 : 부드러운 면천(*가능하면 천연 천이 좋다)
 *천은 적당히 두꺼운 것.
5. 방법 :
   가. 번을 크기에 맞게 자르고, 3면을 재봉질이나 바느질
   나. 3)번 내용물을 무게(저울이용)에 맞게 넣고 마감질함.
6. 유의사항 : 내용물을 너무 너무 빡빡하게 넣지 않는다.

◨ 콩주머니 활동

대상 : 1-2학년

1. 활동
가. 원으로 걷기
나. 평균대
  1) 걷기
  2) 익숙해지면 머리위에 콩주머니 놓고 걷기
  3) 뒤로 걷기
  4) 한발로 걷기
  5) 익숙해지면 머리위에 콩주머니 놓고 한발로 걷기
  6) 눈감고 걷기(2학기)
  7) 평균대위에서 줄넘기하기

다. 안전 : 매트리스를 양쪽에 펼쳐 놓는다.

콩주머니 활동 관련 충남 홍성지역 선생님들 연수.[6]

---
6) 콩주머니 활동 관련 충남 홍성지역 선생님들 연수.

■ 훌라후프를 이용한 움직임교육
 - 훌라후프 : 1학년의 경우 유아 저학년용 크기의 훌라후프 12개 정도를 바닥에 놓고 기본을 충분히 연습하기,
   산책시 훌라후프 대신 돌다리, 나무 그루터기 좋음.
    * 단계 : 훌라후프 12개 줄지어 놓기
            한발씩 호흡하며 걷기-뒤로 걷기-눈감고 걷기(짝과 함께) ,
            모둠발 뛰기-한발 뛰기(발 바꿔 뛰기)
    * 변형단계 : 훌라후프 12개 지그재그 걷고 뛰기,
               나누어 들고 발부터 통과하기-여럿이 손잡고 통과하기

■ **영화 속 이야기 같은 일.**

 이 책은 <책 출간 모금(북펀딩)> 행사에 전국 각 지역 여러 선생님의 적극 참여로 세상에 나올 수 있게 되었습니다. 기본 인쇄 뒤에 재인쇄로 수익이 생길 경우, 발도르프교육 관련 책들을 계속 출간하는 데 쓰입니다. 고맙습니다.

경남
우진영 선생님
홍의화 선생님
심옥순 선생님
김옥귀 선생님
김현숙 선생님
심복심 선생님
김귀화 선생님
전미숙 선생님
김은정 선생님
박비송 선생님
전미숙 선생님
배유진 선생님
권미숙 선생님
조미경 선생님
배정호 선생님
신민정 선생님
김유진 선생님
김지영 선생님
허현영 선생님
강명희 선생님
김미애 선생님
손수지 선생님
정효경 선생님
조진 * 선생님
이미영 선생님
김희정 선생님
김경희 선생님
정선희 선생님
문지현 선생님
이인사 선생님
박민정 선생님
신미 * 선생님
이화진 선생님
강미홍 선생님
김은강 선생님
곽병희 선생님
모미경 선생님
이민 * 선생님
조진 * 선생님

광주광역시
박민선 선생님
오희재 선생님
남옥인 선생님
정민희 선생님

김명하 선생님
표인희 선생님
장은주 선생님
한정화 선생님
박주희 선생님

강원
김지연 선생님
양희정 선생님
권은주 선생님
민은경 선생님
김주미 선생님
박정윤 선생님

부산
강아미 선생님
박아람 선생님
윤인영 선생님
이미지 선생님
정행지 선생님
김지 * 선생님
박지솔 선생님

경북
김은정 선생님
김선영 선생님
고인선 선생님
남미숙 선생님
심남량 선생님
박미영 선생님
김민지 선생님
윤현숙 선생님
남미숙 선생님

서울
김정연 선생님
김인숙 선생님
문혜심 선생님
송제경 선생님
백경화 선생님
송지예 선생님
박준 * 선생님

충북
김종원 선생님
조원희 선생님

이현하 선생님
이소일 선생님
이상미 선생님
정소영 선생님
배선영 선생님
김현정 선생님
류영주 선생님
박지희 선생님
지은빛 선생님
김다희 선생님
김혜란 선생님
임헌규 선생님
신마리아 선생님

대전광역시
현한솔 선생님
최은미 선생님

제주도
임미숙 선생님
현혜숙 선생님
부기숙 선생님
서지영 선생님
변경옥 선생님

대구광역시
김은실 선생님
이현아 선생님
강예진 선생님
김민 * 선생님
곽성숙 선생님
김경혜 선생님
박영주 선생님

인천광역시
이은숙 선생님
강채원 선생님
전미선 선생님
조영은 선생님
원소윤 선생님
양미 * 선생님
이순 * 선생님
김지연 선생님
이영주 선생님
장진이 선생님
황상희 선생님

전남
전미랑 선생님
이은미 선생님
김정덕 선생님
박해 * 선생님
김정은 선생님
조한아름 선생님

경기
이영애 선생님
손원지 선생님
양지연 선생님
강선희 선생님
이미현 선생님
김연진 선생님
박수현 선생님
송명수 선생님
이경화 선생님
윤** 선생님
권지원 선생님
박소영 선생님
정희정 선생님
전명원 선생님
김미혜 선생님
윤선미 선생님
박옥실 선생님
김** 선생님
권미선 선생님
이성경 선생님
한미경 선생님
곽미자 선생님
양정은 선생님
김희 * 선생님
김미 * 선생님
전선미 선생님
홍수정 선생님
손원지 선생님
박혜민 선생님
맹선영 선생님
이현정 선생님
*** 모산초

충남
이선주 선생님
김명중 선생님
강민정 선생님

정근수 선생님
이경미 선생님
고동연 선생님
정지원 선생님
이상희 선생님
김희경 선생님
황효 * 선생님
김선희 선생님
*** 오성초

전북
한진희 선생님
김선영 선생님
이윤정 선생님
박신애 선생님

울산광역시
신영희
박고니

세종시
김미라

머큐리코리아

** 이선화
** 김은실

* 는 이름 파악이 안된 분.
** 지역 표시가 없는 분.
*** 는 학교표시만 있는 분.

참고문헌

강신항(2003) , <훈민정음연구>, 성균관대출판부.
강완(2013). 2009 개정 초등학교 수학과 교육과정 및 교과서 분석: 개선을 위한 네 가지 문제점. 학교수학, 15(3), 569-583.
고은(2007). 취학 전 아동의 쓰기발달에 영향을 미치는 요인분석. 언어치료연구, 16(2), 109-129.
괴테(1998). 색채론. 서울: 민음사.
교육부(2016). 2015 개정 교육과정 총론
교육부(2016). '2015 개정 교육과정 –초.중등학교 교육과정-발표'.
그림형제(1995). 독일어판 완전 번역 그림동화 1~10. 김경연 옮김. 한길사
김경신(2006). 초등학교 1학년 아동의 발달적 특성에 관한 연구. 초등교육학연구, 13(2), 89-106.
김경철·채미영(2001).한국 전래동화에 나타난 아동관 분석.열린유아교육연구, 6(2),203-218.
김대진(1982).움직임교육이론
김슬옹(2001), 훈민정음과 한글 과학성에 대한 교육전략, <교육한글>14, 한글학회
김용근(2003). 기질을 알면 교육이 보인다. 발도르프 관련 자료집
김용근(2005). 발도르프학교 교육과정의 연구와 우리나라 초등교육에 적용방안 모 색: 실제 적용과 실천을 중심으로.
김용근(1993-2005),아이들만이 희망 1회-72호. http://www.waldorf.co.kr.
김용근(2001). 형태그리기의 이론과 실제 1-5학년 자료집.
김용근(2004), 1학년 아이들에게 꼭 들려주어야 할 옛이야기-자료집
김용근(2004), 1학년 아이들에게 꼭 들려주어야 할 수학동화-자료집
김용근(2004), 유아와 7살 아이들에게 꼭 들려주어야 옛이야기-자료집
김용근(2014). 선생님은 살아있는 교육과정이다. 물병자리
김용근(2016). 아이들이 살아있는 교육과정. 물병자리
라하마 볼드윈 댄시(2002). 당신은 당신 아이의 첫 번째 선생님입니다. 강도은역, 정인출판사
로이 윌킨슨(1997). 루돌프 슈타이너의 교육론. 서울 : 내일을 여는 책
마이클 슈나이더, 자연,예술,과학의 수학적 원형,경문사
박도순ㆍ홍후조(2006). 교육과정과 교육평가. 서울:문음사.
박창원(2005) , <훈민정음>, 신구문화사.
송철의(2000) , 형태론과 음운론, <국어학>35, 국어학회.
심항분(1996),이솝우화의 아동문학 교육적 가치에 관한연구,성균관대 석사논문.
알베르트 수스만, 12감각론, 섬돌출판사
안백섭(1993),"입문기 아동의 문자지도 방법에 관한 연구",한국교원대학교 석사-98-학위 논문
유승아(2014). 초등학생들의 쓰기 활동에 나타난 글과 그림의 의미 구성 양상. 한국초등국어 교육, 54, 295-321.
윤선영(2004). 발도르프 리듬 생활 만들기 서울. 문음사
이나현(역)(2000). 크리스토프 린덴베르크(저). 두려움 없이 배우고 자신있게 행동
하기(자유 발도르프교육 입문). 서울: 밝은누리.
이성영(2008). 읽기 발달 단계에 대한 연구: 몇 가지 논점을 중심으로.「국어교육」, 127, 51-80.
크리스토프 린덴베르크(1998). 슈타이너. 서울 한길사
크리스토퍼 클라우더,마틴 로센 공저(2010). 아이들이 행복한 학교. 서울: 양철북.
프란스 칼그렌,아르네 클링보르그 공저(2009). 자유를 향한 교육. 서울:섬돌출판사
하지현 :전래동화 속의 비밀코드,살림,2005
Bettelheim,Bruno:KinderbrauchenMärchen.München 1980.
Caroline, R, May(1980). Toward Wholeness : Rudolf Steiner Education in America,   Middletown, Connecticut : Wesleyan Univ. Press
Childs, Gibert(1996). Education and Beyond : Steiner and problems of modern society. Edinburgh : Floris Books
Childs, Gibert(1991) Steiner Education in theory & practic. Edinburgh Floris book
Helmut Eller, Der Klassenlehrer an der Waldorfschule, Verlag: Freies Geistesleben 1998.
Dennis Klocek, Drawing from the Book of Nature,Published 1990
Margrit JünemannFritz Weitmann, Der künstlerische Unterricht in der Waldorfschule,Verlag: Freies Geistesleben 2007.
Anke-Usche Clausen Martin Riedel, Schöpferisches Gestalten mit Farben,Verlag: Mellinger 1997.
JohannWolfgangvonGoethe저,권오상 역(2003).『자연과학론』.민음사
Rothlein(1991). The literature Connection: using children' book in the
classroom Illinois:Scott,Eoresmanandcompany.
Steiner, Rudolf(1971). Theosophy. Trans. Monges Henry B. New Your: Anthroposophy Press
Thekla Thome, Waldorfschule? Waldorfschule, Verlag: Books on Demand 2011

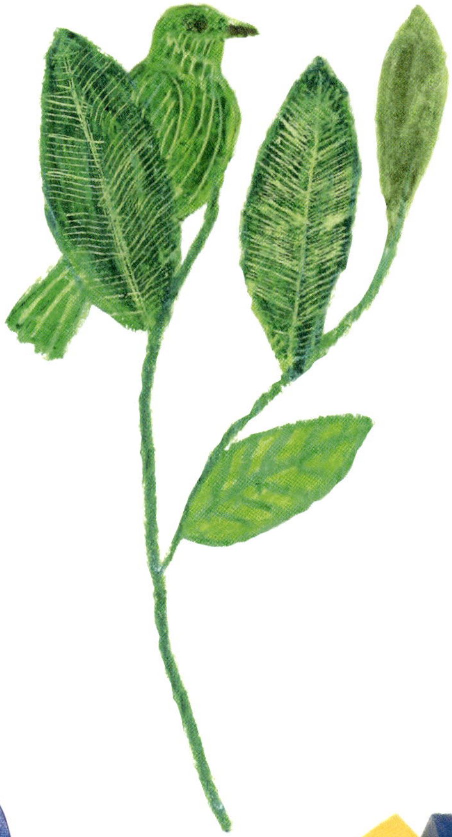

해, 달, 별
땅 위 나무와 꽃과 바람.......

자연이 우리에게 가르쳐주는 비밀은
모든 아이들이 누려야 할 배움의 즐거움입니다.

아이들의 몸과 마음과 정신에
단단한 씨앗을 심어주는

세상의 모든 부모,
선생님들과
함께 합니다.

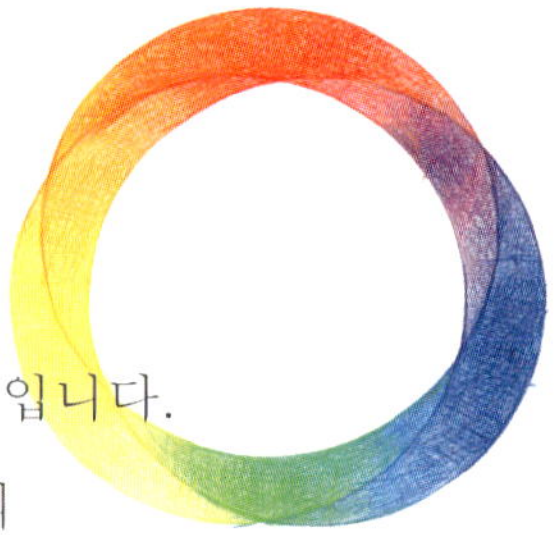

www.waldorfmall.co.kr

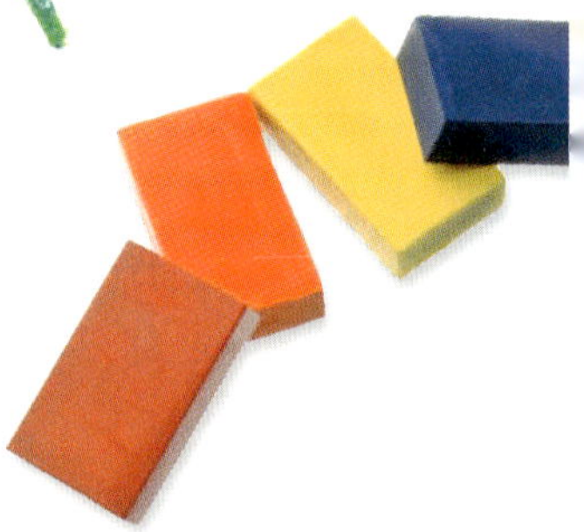

- 발도르프몰은 유럽 Mercurius사의 한국 공식 파트너입니다.
- 스토크마 밀랍크레용과 습식수채물감 외 3,000가지의
  제품을 공식 유통하는 발도르프 전문몰입니다.
- 고객맞춤형 서비스로 제품 상담, 견적, 교육 지원이 가능합니다.
- 상담시간 10:00-18:00
  TEL 010-2236-7064
  E-mail : wowoty@empas.com

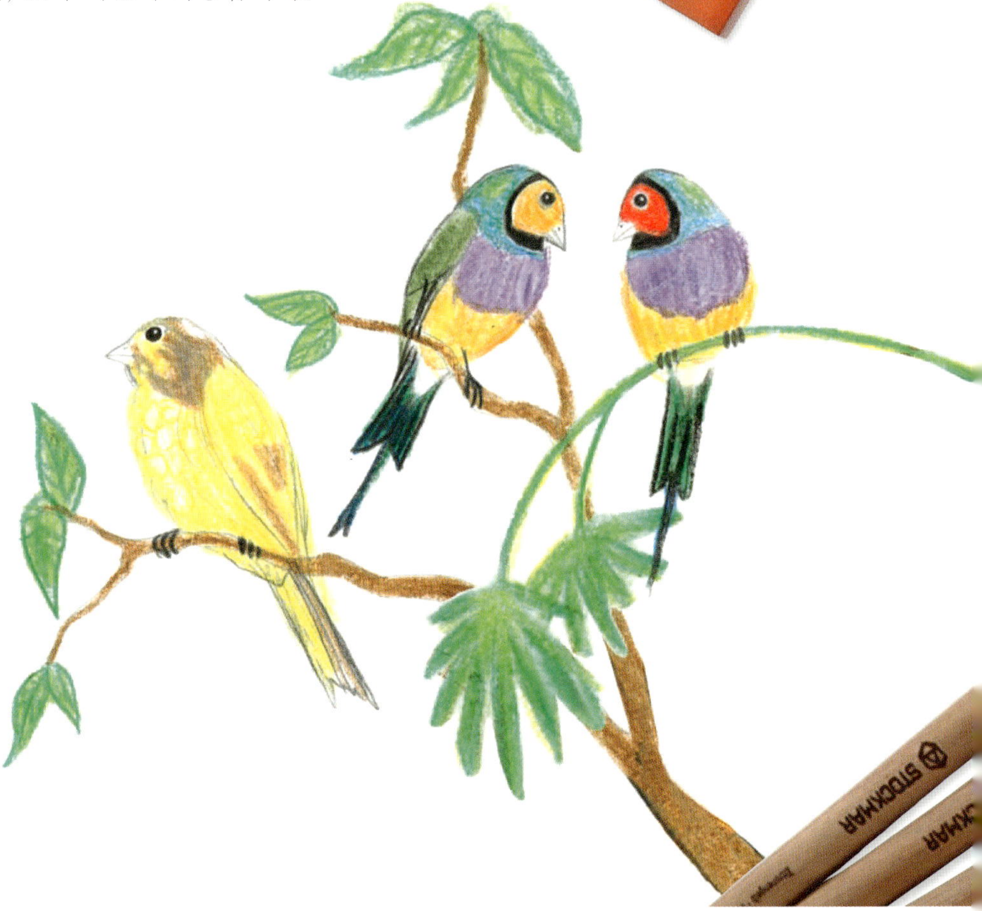